LA PAROLE ÉTERNELLE

SERIE BLEU, LIVRE QUATRE

LA VIE ET LA DOCTRINE DE LA SAINTETÉ SCRIPTURAIRE

Treize leçons bibliques non datées

Éditions Foi et Sainteté
Lenexa, Kansas (États-Unis)

Éditions Foi et Sainteté
Lenexa, Kansas (États-Unis)
978-1-56344-188-2

Rédacteur : Roberto Manoly

Enduring Word : Life and Doctrine of Scriptural Holiness
Copyright © 1965
Published by Nazarene Publishing House
Kansas City, Missouri 64109 USA

This edition published by arrangement
With Nazarene Publishing House.
All rights reserved.

Sauf indication contraire, les citations bibliques renvoient à la version *Segond*. Les italiques et les parenthèses que l'on rencontrera dans les textes bibliques sont du rédacteur.

INTRODUCTION

Pendant ces treize semaines, nous allons étudier la vie et la doctrine de la sainteté scripturaire» en rapport avec certains aspects de la vie moderne. Il est très important de savoir appliquer les vérités de la sainteté scripturaire à la vie quotidienne des chrétiens de notre époque. Les possibilités de la grâce de Dieu dans notre vie n'ont jamais été plus grandes qu'à notre époque ; la vie des gens ordinaires peut devenir extraordinaires. Que Dieu rende cela réel en nous pendant que nous étudions la relation de cette doctrine à notre vie ! On pourrait aussi dire que, dans un vrai sens, la doctrine est l'explication de notre expérience avec Dieu, avec le but d'élargir cette expérience.

Pour bien des gens, les doctrines sont peu intéressantes ; souvent on n'aime pas la nourriture solide de la Parole de Dieu. Cela peut avoir le résultat d'une Église affaiblie et appauvrie. Il est certain que les fausses religions prospèrent à cause de l'ignorance doctrinale d'un grand nombre de chrétiens.

Nous commençons notre étude de la doctrine de la sainteté par l'idée de la sainteté en tant que repos. Les quatre premières leçons de cette série essaient de mettre face à face les aspects pratiques de l'Évangile de la sainteté scripturaire et les signes visibles du chaos moral et de la faim spirituelle de notre génération.

Les quatre leçons suivantes démontrent comment nous pouvons tous devenir et demeurer un peuple saint dans un environnement impie ; comment une vie sainte est une vie intacte dans un monde fracturé ; et comment une vie sainte veut dire la personnalité épanouie en ce qui concerne l'accomplissement de la volonté de Dieu. Dans les quatre leçons qui succèdent, nous faisons l'application directe des principes de la sainteté scripturaire à quatre aspects d'une vie sainte que nous devons considérer.

La dernière leçon dans ce livre souligne l'appel à la sainteté, et essaie d'expliquer comment l'atteindre, comment on parvient à la voie de la sainteté. C'est notre but que ces leçons soient une invitation plutôt qu'une explication. Les explications sont nécessaires, avec des descriptions et des exemples, mais il ne suffit pas de lire à propos des nourritures, il faut en manger. Ne lisons pas seulement à propos d'un voyage, mais faisons-le dans la voie sainte de Dieu.

Leçon 1

REPOS DANS UN MONDE AGITÉ

PASSAGE BIBLIQUE SUR LA LEÇON

Hébreux 3.14 — 4.11

PASSAGES SUPPLÉMENTAIRES

Psaume 23 ; Matthieu 11.28-30 ; Philippiens 4.5-9 ; 2 Timothée 3.1-5

VERSET À RETENIR

« Il y a donc un repos de sabbat réservé au peuple de Dieu »
(Hébreux 4.9).

BUT DE LA LEÇON

Comprendre comment l'Évangile de la sainteté nous guide dans notre
recherche du repos du cœur et de l'âme.

INTRODUCTION

La poursuite du repos a toujours été une partie de l'histoire de l'homme.
On peut dire que le but de toute religion est de posséder la perle de la
tranquillité intérieure. A Malabar, les anciens pèlerins se traînaient par terre, le
torse nu, le long des routes raboteuses ; les Peaux- Rouges dansaient autour de
leurs poteaux de totem ; les moines du Moyen Age se flagellaient ; de nos
jours, des jeunes s'adonnent aux drogues, et d'autres noient leurs troubles dans
l'alcool. Tous ceux-là recherchent le repos et partagent le cri de Job : « Oh ! si
je savais où le trouver ! »

La leçon d'aujourd'hui nous amène à explorer la sorte de repos qui vient
de Dieu. La Bible nous enseigne concernant cette expérience agréable, les
éclaircissements que nous ne trouvons pas ailleurs. Le Saint-Esprit fait le
diagnostic de notre condition humaine, en nous montrant que notre malaise de
l'âme vient de nos origines aussi bien que de notre développement personnel.

Voici l'esquisse que nous allons suivre :

I. Le monde agité — Hébreux 3.14-19

II. La solution que Dieu donne — Hébreux 4.1-4

III. Le repos de l'âme n'est pas sans certaines conditions — Hébreux 3.14-17 ; 4.1-2

IV. La description du repos que Dieu donne — Hébreux 4.1-11

I. LE MONDE AGITÉ

Hébreux 3.14-19

A. La désobéissance produit l'agitation

La poursuite du repos commença avec la naissance de la race humaine. Ayant été chassés du jardin d'Éden dont l'entrée fut bloquée par une épée flamboyante, Adam et Ève et leurs descendants s'égarèrent dans un monde agité. Caïn et ses descendants plongèrent dans une vie fébrile d'activités : ils construisirent une ville, mais aucun repos ne s'y trouvait ; ils formèrent une civilisation, inventèrent bien des choses, poursuivirent des activités, mais la paix de l'âme leur échappait. C'est un monde vraiment agité, turbulent. « Nos cœurs sont agités, troublés » est peut-être la confession la plus répétée et connue dans les pages de littérature.

Le péché est la dissonance ; ce n'est que la sainteté qui est l'harmonie. Le repos que Jésus donne est un cadeau plus riche que celui de l'aise. Le repos de l'âme sauvée du péché et de la culpabilité est un cadeau, pas un accomplissement. « Vous trouverez le repos de vos âmes ! » est une promesse inscrite dans l'Ancien Testament et dans le Nouveau (voir Jérémie 6.16 et Matthieu 11.28-30). Toutefois, nous n'avons pas parce que nous ne demandons pas, et nous ne demandons pas parce que nous voulons suivre notre propre volonté. Pourquoi n'écoutons-nous pas la sentinelle d'Israël ? Pourquoi ne faisons-nous pas ce que Jésus dit ? (Matthieu 11.28).

B. La racine de notre problème

Charles Wesley nous a appelés « des errants agités à la poursuite du repos ». Mais pourquoi le repos nous échappe-t-il ? Pourquoi notre génération si douée est-elle tellement agitée ? Nous consommons des tas d'aspirine, mais pourquoi ne trouvons-nous pas de relâche ? Le gain de l'argent ne donne pas non plus la paix. C'est parce que tous les empêchements au repos se trouvent dans nos cœurs. L'auteur de l'épître aux Hébreux comprit bien cela et l'exprima vigoureusement en Hébreux 4.11-12.

Le manque de foi est plus profond que l'incrédulité ; il s'agit du cœur plutôt que de la tête. Le manque de foi est dissonant, parce que le manque de confiance indique que l'on ne croit pas Dieu, mais que l'on croit à soi-même. Tout le monde croit à quelque chose, et la plupart de nous croyons à nous-mêmes, et voilà la difficulté. Nous avons « un cœur mauvais et incrédule, au point de [nous] détourner du Dieu vivant (Hébreux 3.12). Le cœur incrédule est la racine de la dissonance raciale et personnelle, et tant que cette racine n'est pas déracinée par l'action de Dieu, la dissonance persiste, et toute la vie continue d'être agitée. Quand la confiance disparaît, le malaise règne et la tranquillité se flétrit et meurt. La solution complète à la dissonance provenant de l'incrédulité est l'harmonie de la sainteté rendue possible par la foi en Christ comme notre Sauveur céleste.

Questions à discuter

* *Quelles sont les causes du manque du repos dans le monde ? en nous-mêmes ?*
* *Comparez la dissonance et l'harmonie dans le cœur.*

II. LA SOLUTION QUE DIEU DONNE
Hébreux 4.1-4

A. Le sabbat (repos) de l'âme

Le repos de l'âme vient de Dieu, et il a modelé ce repos sur son propre premier repos. Mais la comparaison n'est pas parfaite. Dieu ne s'est pas reposé parce qu'il était fatigué, mais plutôt parce qu'il était satisfait. Dieu ne s'est pas reposé parce qu'il était agité, mais parce qu'il était efficient. Tout de même, il donne aux personnes le repos de l'âme d'après le modèle de son propre sabbat.

1. **La cessation de l'effort — Hébreux 4.4.** Le sabbat est un autre mot qui veut dire repos. Dieu aurait pu se reposer dans son travail, mais nous, nous sommes « des gens agités cherchant du repos ». Dieu a le repos en lui-même, de même qu'il a la vie, l'amour et la lumière en lui-même. Mais en moi-même je trouve l'agitation, le malaise. J'ai besoin du sabbat de Dieu parce que j'ai besoin de Dieu. Quand j'ai Dieu dans mon cœur, j'ai du repos — son sabbat. La sainteté est la cessation de l'effort personnel pour atteindre la vie parfaite. Cela ne veut pas dire que je laisse tout à Dieu, mais plutôt que maintenant je

vis par le principe de l'obéissance qui vient de l'amour : sa volonté est ma paix. En lui obéissant, je trouve le repos du cœur (Hébreux 4.14, 16).

2. La sainteté est la marque du sabbat. Le sabbat de Dieu est un jour de sainteté : quelque chose qui lui appartient d'une façon particulière, ayant toutes les marques de sa sainteté : la paix, la contemplation, le délice et la jouissance de son œuvre dans sa beauté et sa signification. Le sabbat du Seigneur est la marque de la vie qui réjouit Dieu ; la vie qui non seulement « fait de l'Éternel ses délices », mais qui est un délice à l'Éternel. D'un autre point de vue, le sabbat (repos) de l'âme est le calme, la tranquillité et la confiance du Saint-Esprit dans le cœur. C'est « le silence éternel » interprété par l'amour.

B. Le repos est le plan de Dieu

Le premier acte créateur de Dieu en amenant l'ordre dans le chaos fut de pourvoir au jour et à la nuit — le jour pour le travail, et la nuit pour le repos.

De même, la sainteté, qui est le repos de l'âme, est le plan de Dieu pour nous. « Il me fait reposer dans de verts pâturages » (Psaume 23.2). « Venez à moi … et je vous donnerai du repos » (Matthieu 11.28). « À celui qui est ferme dans ses sentiments, tu assures la paix » (Ésaïe 26.3).

Questions à discuter

- *Comment la sainteté traite-t-elle de la dissonance dans le cœur ?*
- *Comment le sabbat est-il un modèle de la sainteté ?*

III. LE REPOS DE L'ÂME N'EST PAS SANS CERTAINES CONDITIONS

Hébreux 3.14-17 ; 4.1-2

A. Un exemple qui nous enseigne

L'incrédulité d'Israël est un avertissement divin et sérieux à tout le monde, mais surtout à ceux qui ont été sauvés. Comme nous voyons en Hébreux 3.16, tous ceux qui désobéirent étaient sortis d'Égypte ; mais tous ceux qui étaient sortis d'Égypte ne désobéirent pas, car il y a l'exemple de Caleb.

Le peuple d'Israël fut délivré de l'esclavage, mais ils n'entra pas immédiatement dans le pays du repos. Pourquoi ? Maintes fois les enfants d'Israël éprouvèrent Dieu. Par leur incrédulité, ils remplirent leurs cœurs de l'insensibilité qui empêchait Dieu de les aider. Finalement, non seulement ils furent exclus du pays de repos, mais plus ils furent séparés de Dieu. Ils ne pouvaient plus l'entendre ; et lui, il ne fut plus accessible pour leur donner le repos.

Il est toujours possible d'abandonner la foi, mais cette possibilité nous rappelle l'avertissement compatissant d'Ésaïe : « Cherchez l'Éternel pendant qu'il se trouve » (Ésaïe 55.6a). Cela implique qu'il n'est pas toujours trouvable. « Invoquez-le tandis qu'il est près » (Ésaïe 55.6b). Cela implique que Dieu n'est pas toujours accessible (voir Ésaïe 55.1-7). Ceux qui sont sauvés doivent tenir fermement à leur première confiance et croire et obéir à la Parole de Dieu jusqu'à la fin (Hébreux 3.14). L'incrédulité d'Israël est un avertissement à tous les enfants de Dieu à toutes les époques.

B. La cachette de l'incrédulité

Il faut noter en premier lieu que l'incrédulité est un condition du cœur. Autrement, le raisonnement purement intellectuel pourrait nous donner du repos intérieur. Mais notre problème est au niveau du cœur et non de l'intelligence. Des solutions qui peuvent satisfaire l'intelligence laissent le cœur froid, agité et vide. Mais le cœur a des raisons que l'intelligence ne saisit pas.

Si nous voulons avoir un cœur au repos dans le Seigneur, et avoir ce repos pendant toute l'éternité, nous devons retenir « fermement jusqu'à la fin l'assurance que nous avions au commencement » (Hébreux 3.14).

Question à discuter

• *Comment l'échec d'Israël est-il un avertissement aux chrétiens ?*

IV. LA DESCRIPTION DU REPOS QUE DIEU DONNE
Hébreux 4.1-11

A. Le sabbat de l'âme

1. **Pour les pécheurs — Hébreux 4.2-3.** Pour tous ceux qui sont fatigués et chargés, il y a une parole merveilleuse (Matthieu 11.28). Y a-t-il un message de plus grande importance pour notre génération agitée, tendue, malade, qui se détruit avec ses propres inventions. Le message de repos (Hébreux 4.2-3) est la bonne nouvelle pour toutes les générations troublées des hommes.

2. **Pour ceux qui croient — Hébreux 4.9.** Il y a aussi le message de repos pour « le peuple de Dieu ». Quelle sorte de repos ? Il est présenté sous plusieurs formes :

a.	Hébreux 4.11	Ce repos
b.	Hébreux 4.1	Son repos
c.	Hébreux 4.3	Mon repos
d.	Hébreux 4.9	Un repos de sabbat
e.	Hébreux 4.10	Le repos de Dieu

B. Le repos obtenu — Hébreux 4.8-11

Le repos promis à l'enfant obéissant de Dieu n'est pas celui de se mettre dans un fauteuil confortable. Ce n'est pas la paresse ni le manque d'activité, mais c'est l'assurance d'esprit que l'on éprouve quand on a bien accompli une tâche. Jésus le savait même quand il disait : « Mon Père agit jusqu'à présent ; moi aussi j'agis » (Jean 5.17). Jésus savait ce repos même en ce moment-là même. Ayant accompli parfaitement sa tâche rédemptrice suprême, il est entré dans le repos de son Père, faisant toujours son œuvre de souverain sacrificateur.

1. **C'est l'œuvre de Jésus.** En Hébreux 4.8, on parle de Josué, non de Jésus-Christ. Mais tout de même, Josué est un type pour les chrétiens de notre capitaine du salut qui peut et qui veut nous amener hors du désert troublé, et nous faire parvenir au Canaan qui représente le repos et la paix. Jésus nous conduira à ce bon pays, et en plus, il nous aidera à l'explorer et à l'occuper, parce que son don est meilleur qu'une vie d'aise. Son offre présente beaucoup de possibilités : « Venez à moi ... et je vous donnerai du repos ; prenez mon joug sur vous ... et vous trouverez du repos » (Matthieu 11.28-29). Voici un paradoxe : le repos est offert à des chrétiens qui sont tendus, troublés, à moitié vaincus, marchant péniblement en cercles dans le désert d'une expérience aride, quand ils prennent sur eux le joug de service à Christ.

2. **C'est une expérience actuellement possible.** Soyez encouragés ! Élevez vos cœurs ! Il n'est pas nécessaire d'errer fébrilement cherchant le repos. L'Éternel est notre berger ; il n'est pas nécessaire de manquer le repos et le rafraîchissement. Dieu nous conduira près des eaux paisibles et nous fera reposer dans de verts pâturages.

La bonne nouvelle du repos ! Nous avons entendu prêcher l'Évangile du plein salut, l'Évangile de la sainteté, l'Évangile du repos du cœur, le repos qui peut, au besoin, se maintenir même au milieu d'une agitation extérieure sans fin ; une paix profonde et permanente de l'âme.

Toute la raison pour sortir de la terre dure de l'esclavage au péché et à Satan, est d'entrer et d'explorer le beau pays de la grâce et de la sainteté de Dieu, et de s'en réjouir (voir Deutéronome 6.23).

Augustin a dit : « Le besoin le plus profond de l'homme est celui d'être en repos avec son Dieu. » Cela est très significatif quand on se rappelle que John Wesley considérait le « repos de l'âme » comme une expression favorite, en parlant de la sanctification.

Questions à discuter :

- *Expliquez la relation entre le sabbat de Dieu et le repos chrétien de l'âme.*

- *Pourquoi la sainteté est-elle décrite comme un repos ?*

Leçon 2

LA PURETÉ DANS UN MONDE POLLUÉ

PA SAGES BIBLIQUES SUR LA LEÇON

Psaumes 51.3-14 ; 1 Jean 3.1-10

PASSAGES SUPPLÉMENTAIRES

Genèse 6.5-9 ; Ésaïe 6.1-8 ; Ézéchiel 36.25-28 ; Matthieu 5.8 ; Matthieu 15.18-19 ; 1 Thessaloniciens 4.1-8 ; Jude 17-25

VERSET À RETENIR

« O Dieu ! crée en moi un cœur pur, Renouvelle en moi un esprit bien disposé » (Psaume 51.12).

BUT DE LA LEÇON

Démontrer comment une vie pure du point de vue moral est possible à tout le monde par la grâce de Dieu.

INTRODUCTION

Nous avons examiné dans la leçon précédente les causes et les formes de l'agitation et du malaise que le monde subit à toutes les époques et dans toutes les régions du globe, mais qui semblent très exagérés à cette époque moderne. En général, l'affluence des possessions dépasse celle des autres époques, mais en même temps, il y a plus de troubles et de mécontentement. Le monde cherche à se soulager au moyen des médicaments et des drogues.

Dans cette leçon, nous allons examiner la vraie cause de la misère humaine — **le péché** ; et comment nous pouvons nous en débarrasser. Quand on demanda à G. K. Chesterton, écrivain anglais, pourquoi il est devenu catholique romain, il répondit : « Pour me débarrasser de mes péchés ». Mais s'attacher à une Église ne peut jamais nous débarrasser des péchés ni de la culpabilité.

La Bible nous donne le remède de Dieu pour le péché dans tous ses aspects. Nous allons voir un exemple dans l'Ancien Testament, puis faire face

11

au faits de notre propre péché, et enfin examiner le remède donné dans le Nouveau Testament.

Voici l'esquisse de notre leçon d'aujourd'hui :

I. Le monde pollué — Psaume 51.3-14

II. La purification — 1 Jean 3.1-10

LE MONDE POLLUÉ

Psaume 51.3-14

Considérons les passages bibliques supplémentaires.

On doit se rappeler que « le cœur du problème est le problème du cœur », comme Jésus lui-même affirma en Matthieu 15.18-19. Le jugement du Créateur sur la condition du cœur humain se trouve en Genèse 6.5-7, et celui du Sauveur en Matthieu 15.18-19. Le cœur de l'homme est une fontaine corrompue qui répand ses impuretés dans tous les domaines de la vie. « Le cœur est tortueux par-dessus tout, et il est méchant : Qui peut le connaître ? » (Jérémie 17.9).

A. La pollution physique du monde

Cette condition est un fait bien connu. On entend les histoires de la pollution des mers par l'huile ; de l'air par des émissions des usines et des véhicules, ou par des explosions nucléaires ; de la terre par les déchets jetés partout par les hommes. On se demande si tout cela est le résultat de ce que nous lisons en Genèse 3.17-19.

B. La pollution intellectuelle

Cette pollution est aussi un fait admis. Cela inclut l'imagination corrompue, comme il est écrit en Genèse 6.5 : « Toutes les pensées de leur cœur se portaient chaque jour uniquement vers le mal. »

La pornographie, l'abus des enfants, la préoccupation avec le sexe et la corruption politique infestent nos cultures. La déception, les mensonges, les pots-de-vin, les fraudes, les vols sont tous des symptômes de la maladie morale qui se répand dans le monde entier.

D'où vient tout cela ? Du cœur, dit Jésus : « C'est du cœur que viennent les mauvaises pensées, les meurtres, les adultères, les impudicités, les vols, les faux témoignages, les calomnies » (Matthieu 15.19). « Les œuvres de la chair sont … l'impudicité, l'impureté, la dissolution, l'idolâtrie, la magie, les inimitiés, les querelles, les jalousies, les animosités, les disputes, les divisions, les sectes, l'envie, l'ivrognerie, les excès de table, et les choses semblables » (Galates 5.19-21).

C. La pollution spirituelle

Cette pollution est aussi un fait évident. Le cœur de l'homme est comme une source polluée qui répand la corruption dans tous ses rapports, ses attitudes et ses activités.

L'explication dans la Bible de l'origine du péché la rattache non au jugement de Dieu — qui fut la conséquence nécessaire, la réponse inévitable de la Pureté éternelle à la corruption humaine — mais au germe même qui était la désobéissance, la rébellion, la vanité. (Voir Romains 1.21-32 ; 5.12, 17-18.)

D. La pollution personnelle

Cette condition est un autre fait admis, comme ce fut le cas de David au Psaume 51.7 : « Je suis, depuis ma naissance, marqué du péché ; depuis qu'en ma mère j'ai été conçu, le péché est attaché à moi » (version *La Bible du Semeur*). Le péché est un problème qui doit être résolu. Mais nous ne sommes pas capables de le vaincre par nos propres forces. C'est un ennemi, une tragédie fatale. Aucune déception ou stratégie que nous pouvons inventer ne peut nous en débarrasser.

E. Le fait du péché — Psaume 51.3-9

Le premier fait : Tout péché est premièrement contre Dieu (Psaume 51.6). Il n'existe pas donc ce que l'on appelle « un petit péché », parce qu'il n'existe pas de « petit dieu ». Et il n'y a pas de « petits péchés mignons », puisque Dieu est la Lumière éternelle qui expose tout ce qui est contraire à lui.

Le deuxième fait : Le péché est personnel et est hérité personnellement (Psaume 51.7). De plus, il est commis personnellement (51.3-6). Mettre le blâme sur d'autres est une partie de la maladie du péché considéré comme « condamnable au plus haut point » (Romains 7.13). La maladie est la même, qu'il s'agisse d'Ève, de Bath-Schéba, de ma nature, de mes ancêtres, ou de mes propres petits défauts.

Le troisième fait : Le premier pas vers la victoire sur le péché est de le confesser (Psaume 51.5-6a). Dans les quatorze premiers versets de ce Psaume, le pronom ou adjectif de la première personne est répété au moins vingt-sept fois, quand David crie pour la purification. Il faut tout mettre à la lumière. Si nous ne sommes pas complètement honnêtes, cela est une partie de notre maladie. « Les sacrifices qui sont agréables à Dieu, c'est un esprit brisé ; O Dieu ! tu ne dédaignes pas un cœur brisé et contrit » (Psaume 51.19). Nous ne devons pas mentir à Dieu. Mais, « si nous confessons nos péchés, il est fidèle et juste pour nous les pardonner, et pour nous purifier de toute iniquité » (1 Jean 1.9).

Le quatrième fait : La confession ne nous libère pas de nos péchés et de notre culpabilité, mais elle rend possible la délivrance. Nous nous sentons soulagés quand nous avons admis notre faute, mais ce n'est que Dieu qui peut nous délivrer du jugement des péchés. Ce que David cherchait n'était pas un simple soulagement, mais une délivrance complète et la purification (Psaume 51.9-12).

Dans ce Psaume 51, il y a plusieurs prières qui démontrent l'agonie de l'âme de David, telles que : « O Dieu aie pitié de moi … efface mes transgressions … lave-moi complètement … purifie-moi … fais donc pénétrer la sagesse … purifie-moi … lave-moi … annonce-moi l'allégresse … détourne ton regard de mes péchés … efface toutes mes iniquités … crée en moi un cœur pur … renouvelle en moi un esprit bien disposé … ne me rejette pas loin de ta face … ne me retire pas ton esprit saint … rends moi la joie de ton salut … qu'un esprit de bonne volonté me soutienne ! » (51.3-14).

Le cinquième fait : En voyant ces prières qui venaient du cœur de David, nous comprenons que celui qui se repent sincèrement et regrette les effets extérieurs et intérieurs des péchés ne peut pas être satisfait par une confession à moitié. Pour le cœur sincère, la confession doit être absolument complète.

Le sixième fait : Dieu répond à l'âme qui crie à lui. Ce que Dieu fait est toujours complet. Au commencement, c'était l'intention de Dieu que l'homme ait un cœur pur et saint, mais l'homme a contrarié le plan de Dieu par sa désobéissance.

1. Selon Charles Wesley, un cœur pur et saint est « le plan complet de sa miséricorde ».

2. D'après Peck,. un théologien, un cœur pur et saint est « l'idée centrale du christianisme ».

3. Un cœur pur et saint est le but de l'expiation de Christ.

4. Un cœur pur et saint est à la fois un ordre et une possibilité glorieuse pour chaque enfant de Dieu.

Quand Dieu répond à notre prière pour la pureté, Il va loin au-delà de ce que nous avons demandé ou imaginé (Éphésiens 3.20). Quand le roi David pria, il ne demanda pas la miséricorde d'après sa position dans la vie, ni selon sa compréhension de ses péchés, ni même d'après les effets de ses péchés, mais « dans ta bonté, selon ta grande miséricorde » (Psaume 51.3). Plus vite qu'un éclair vint la réponse de Dieu : « L'Éternel pardonne ton péché, tu ne mourras point » (2 Samuel 12.13).

Le septième fait : Le peuple de Dieu est un peuple pur. Le désir normal de tout enfant de Dieu est d'avoir un cœur pur, afin qu'il puisse vivre une vie morale d'après le modèle de Jésus-Christ (1 Pierre 2.21-23). Le Père saint (Jean 17.11) aura des enfants saints (1 Jean 3.9).

Dieu ne sanctifie pas les hommes afin qu'ils ne pèchent plus. Pour accomplir cela, il fait d'eux ses enfants par la nouvelle naissance, par laquelle il implante son caractère dans leurs cœurs, afin que le péché, comme une manière de vivre, ne les tienne plus sous son emprise (1 Jean 3.6-10).

Mais pour satisfaire à son vif désir pour une communication intime avec ses enfants, et pour répondre au désir profond de ses enfants pour une communion plus proche avec lui, Dieu anéantira complètement le péché dans les cœurs de ceux qui soupirent après la sainteté, et il se donnera à eux au plus haut degré où ils peuvent l'accepter. (voir Ézéchiel 36.25-27.) Notre Père saint fera tout cela afin qu'il ait un peuple saint, vivant une vie pure dans ce monde pollué. Il y a de vrais témoins de cette vie-là : Ésaïe (Ésaïe 6.1-8) ; Jésus (Matthieu 5.8) ; David (Psaume 51) ; Paul (1 Timothée 1.12-17) ; Jean (1 Jean 1.5-10). « Que dirons-nous donc à l'égard de ces choses ? »

Questions à discuter

- *Comment la prière de confession de David, démontre-t-elle son besoin urgent de la pureté du cœur ?*

- *David avait-il de l'espoir d'être pardonné ? Pourquoi pouvons-nous avoir confiance qu'une telle prière de confession sera exaucée ?*

- *Pourquoi Dieu veut-il que ses enfants soient délivrés du péché ?*

II. LA PURIFICATION

1 Jean 3.1-10

A. Un désir passionné

Le gémissement de David au Psaume 51 ressemble à celui d'un enfant perdu dans la nuit. La douleur de son âme est intensifiée, et son sentiment de désolation et d'être abandonné est augmenté, parce qu'il sait que le péché est de sa propre faute et ne devrait pas avoir eu lieu. Il a péché contre lui-même, contre Bath-Schéba et son enfant pas encore né, contre Urie, et, ce qui le torture le plus, il a péché contre Dieu — « J'ai péché contre toi seul, et j'ai fait ce qui est mal à tes yeux » (Psaume 51.6). Toutefois, celui qui souffre le plus dans tous nos péchés est notre Père céleste, qui pleure sur ses fils et ses filles souillés.

1. Ainsi le désir le plus profond d'un enfant de Dieu est : (a) d'être purifié de tout péché, et (b) d'avoir la puissance de mener une vie pure (Psaume 51.3-4, 10-11). C'est la seule sorte de vie qui plaît au Père céleste. David dans l'Ancien Testament et le fils prodigue dans le Nouveau Testament sont les meilleurs exemples de la tragédie d'offenser l'amour paternel de Dieu. Le pire péché de tout est le péché contre l'amour de Dieu.

2. Nous sommes les enfants aimés de Dieu. Le plus grand mystère et la plus étonnante merveille de l'univers, la vérité qui éblouit les pensées de l'homme sauvé et qui dépasse la compréhension des anges, est que « Dieu prouve son amour envers nous, en ce que, lorsque nous étions encore des pécheurs, Christ est mort pour nous » (Romains 5.8). Cette idée est un spectacle merveilleux. « Voyez quel amour ! » (1 Jean 3.1). Voyez comment il nous a aimés ! Imaginez l'amour que le Père nous a prodigué ! Les vrais enfants de Dieu sont nés de son amour éternel. Nous savons que nous sommes ses enfants (1 Jean 3.2).

Nous pouvons avoir l'affirmation du Saint-Esprit dans nos cœurs que nous sommes les enfants de Dieu, par laquelle nous osons l'appeler « Abba ! Père » (Romains 8.15). « Abba » veut dire « papa ». Nous avons une ressemblance avec la Famille de Dieu ; et dans cette ressemblance, le péché ne peut avoir aucune part (1 Jean 3.4, 9).

3. Les enfants de Dieu ne poursuivent pas un cours rebelle ou obstiné. Ils ne peuvent pas le faire et rester les enfants de celui que Jésus appela Père saint. « Ils ne peuvent pécher », non parce qu'ils n'ont pas le pouvoir de pécher, mais

parce qu'ils ne veulent pas pécher. Ils peuvent choisir de désobéir à Dieu, mais ils ne choisissent pas de désobéir (1 Jean 3.9). Ils ne peuvent pas pécher et rester saints, de même que l'on ne peut pas mentir et rester vrai, ou voler et rester honnête. La vie de Dieu et la vie de péché sont des contraires.

Un homme rendit visite à une mine de houille. Tout autour de l'entrée ta poussière noire de charbon couvrait le sol, les herbes, les pierres. Mais là il vit un lis blanc, tout à fait pur, sans aucune souillure de poussière noire sur ses pétales. Dieu avait mis dans cette plante la capacité de repousser toute souillure. Ainsi Dieu rend ses enfants capables de repousser les souillures du péché dans ce monde pollué.

B. Notre modèle et notre paternité — 1 Jean 3.6-8, 10

La vie de péché est comme celle du diable. La vie sans la pratique du péché est la vie qui ressemble à celle de Jésus. Ne soyez pas déçu : les qualités de notre vie révèlent qui est le Père de notre vie.

La vie sans péché est le fruit de la propitiation faite par Jésus, l'Enfant saint du Père saint (1 Jean 3.5). Notre seul espoir, pour être complètement délivré du principe intérieur du péché et de la pratique extérieur du péché, reste dans la puissance du sang versé du Fils unique de Dieu.

Questions à discuter

- *Quels sont des motifs pour une vie sainte et pure exprimés par Jean en 1 Jean 3.1-10 ?*
- *Quels doivent être les plus profonds désirs d'un enfant de Dieu ?*
- *Comment une vie pure est-elle possible dans ce monde pollué ?*
- *Expliquez la phrase : « Il ne peut pécher » (1 Jean 3.9b).*

Leçon 3

LA DIRECTION DANS UN MONDE CONFUS

PASSAGE BIBLIQUE SUR LA LEÇON

Romains 8.1-17

PASSAGES SUPPLÉMENTAIRES

Romains 8.35-39 ; 1 Corinthiens 3.1-3 ; Jacques 4.6-8

VERSET À RETENIR

« L'affection de la chair, c'est la mort, tandis que l'affection de l'esprit, c'est la vie et la paix » (Romains 8.6).

BUT DE LA LEÇON

De montrer comment il est possible, par la grâce de notre Dieu qui sanctifie, de trouver la direction et la signification pour la vie.

INTRODUCTION

Un sentiment qui est presque universel dans le monde d'aujourd'hui est que des forces puissantes et accablantes et hors de notre contrôle agissent pour guider et contrôler nos vies. Souvent, on se sent incapable de comprendre ou de résister à ces forces.

Mais aujourd'hui nous allons explorer les possibilités quand nous vivons selon le plan de Dieu. Quand nous nous soumettons à la lumière de la Parole de Dieu qui révèle et expose nos cœurs, sous l'influence du Saint-Esprit, et que nous sommes pardonnés et purifiés de nos péchés, nos vies s'ouvrent aux buts et aux plans et à la direction de Dieu. Cela est une facette précieuse du bijou de la sainteté scripturaire.

La boussole de notre vie, libérée des causes des indications déformées, trouve son vrai nord dans la volonté de Dieu. Notre étude d'aujourd'hui examine les bienfaits d'une vie bien dirigée, et le besoin de maintenir la boussole de la vie en bon état de fonctionnement.

Souvent, nous passons nos jours en errant ici et là sans but défini. Mais Jésus veut que nous soyons dirigés par l'Esprit de Dieu. C'est pour cela que nous avons cette leçon sur la direction dans un monde confus.

Cette leçon suivra l'esquisse suivante :

I.   Avoir un seul but — Romains 8.1-4
II. Les voies possibles devant nous — Romains 8.5-11
III. Comment maintenir une vie mise au point — Romains 8.12-17

I. AVOIR UN SEUL BUT

Romains 8.1-4

A. La vie mise au point

L'expression « mettre au point » est une bonne définition pour la vie sainte. La sainteté ou la vie sanctifiée, est une vie mise au point ; une vie non brouillée ou déformée ; une vie dirigée vers une cible.

Un théologien a défini la pureté comme « vouloir une seule chose », ou avoir un seul but. Cette définition est bonne mais incomplète, car il faut préciser ce qu'est « la seule chose ». David et Paul, ont tous deux indiqué le point central de leurs vies (Psaume 27.4 ; 73.25-26 ; Philippiens 3.14). Le chrétien ferait la même chose. La pureté du cœur est de vouloir une seule chose, et cela c'est la volonté de Dieu.

Jésus est l'exemple parfait de la pureté du cœur. Il dit : « Je fais toujours ce qui lui [le Père] est agréable » (Jean 8.29b).

B. La vie non au point

Contrastez la vie mise au point et la vie sans but que l'on voit si souvent en ces temps-ci. Bien des personnes ressemblent au prédicateur pressé qui sauta dans un taxi, disant : « Allons. » Le chauffeur alla vite, roulant en cercles, jusqu'à ce que l'homme dise : « Somme-nous presque là ? » Le chauffeur répondit : « Je ne sais pas. Où allons-nous ? » Le monde, en général, est confus et sans but ; divisé et déformé ; pas au point ; roulant dans toutes les directions, sans un principe directeur.

C. Des expressions bibliques

En Romains 8, nous voyons l'explication la plus claire de tout le Nouveau Testament au sujet de la vie mise au point. Il faut que les mots « la loi » employés ici par l'apôtre Paul se réfère à une manière de vivre. Ainsi, au verset

2, « La loi du péché et de la mort » veut dire une manière de penser et d'agir qui change la loi de Dieu en un culte de la légalité qui n'a jamais été le plan de Dieu, et ainsi cette façon de vivre devient une voie qui conduit à la mort.

Dieu a fait opérer sa loi qui, si elle est obéie, conduit à la vie (Romains 7.10-14). Mais la désobéissance place l'homme sous la condamnation de la loi, et conduit à l'esclavage et la mort. Il n'y avait rien de mal dans la loi comme telle, mais c'était dans la manière dont elle était employée. Pourtant la manière de vivre selon Dieu, par le moyen d'amour, peut atteindre le but glorieux de Dieu seulement en Jésus-Christ qui, par la foi en lui, nous libère de la condamnation, et qui par l'œuvre continue du Saint-Esprit, nous sanctifie. Romains 8.2 est la meilleure définition de la sainteté chrétienne que Paul nous a donnée. C'est la vraie vie chrétienne, libérée de la loi et ouverte à la grâce de Dieu.

Questions à discuter

- *Quel est le seul but que Jésus veut que nous ayons ?*
- *Décrivez la différence entre la vie mise au point et la vie non au point*

II. LES VOIES POSSIBLES DEVANT NOUS
Romains 8.5-11

A. L'esprit fixé sur Dieu

D'une manière très réelle, ces versets démontrent les façons différentes de mettre la vie au point. Une façon de vivre vise les choses qui détruisent, polluent et condamnent. Cela est décrit comme « vivre selon la chair » (Romains 8.5). C'est là la vie non au point. Le choix alternatif vise ce que l'on peut appeler « les buts de Dieu » pour son peuple. Cela est décrit comme « vivre selon l'esprit » (Romains 8.5).

« La vie mise au point » est une bonne description de la vie sanctifiée. C'est à nous de faire le choix.

Paul dit : « Que tout ce qui est vrai, tout ce qui est honorable, tout ce qui est juste, tout ce qui est pur, tout ce qui est aimable, tout ce qui mérite l'approbation, ce qui est vertueux et digne de louange, soit l'objet de vos pensées » (Phil. 4.8).

B. L'esprit fixé sur la chair

De l'autre côté, « l'affection de la chair » est la vie opposée à Dieu (Romains 8.7). Paul ne veut pas dire que la chair humaine est méchante, mais que la vie concentrée sur le soi — sans égard pour l'appel de Dieu, ou pour ses ordres ou ses promesses — est une vie de péché. La confiance en soi, faire plaisir à soi-même, la vantardise de soi, voilà le but de la vie selon la chair. On peut « vivre selon la chair » en maintes façons sans que cela ait rien à faire avec la sensualité (voir Galates 5.19- 21).

John Wesley écrit : « Certaines des œuvres mentionnées ici (en Galates 5.19-21) s'effectuent principalement dans les pensées ; mais tout de même, elles sont appelées ‹ les œuvres de la chair ›. Il est clair, donc, que l'apôtre, en utilisant le terme *la chair* ici n'entend pas seulement le corps physique ou les appétits sensuels, mais la corruption de la nature humaine, comme elle se répand dans toutes les capacités de l'âme, aussi bien que dans tous les membres du corps. »

Alors, « s'affectionner aux choses de la chair » c'est se concentrer sur la corruption. C'est être « un homme irrésolu » dont Jacques parle en son épître au premier chapitre, versets six à huit.

Tout le monde rencontre des difficultés : soit des accidents, soit être traité injustement, soit subir des peines. Nous pouvons réagir selon l'une des trois manières suivantes : (1) devenir sceptique ou désabusé, ou rancunier ; (2) s'apitoyer sur soi ; (3) ou bien, trouver la liberté de l'Esprit, qui nous rend capable d'avoir une joie jaillissante dans le cœur même en face des difficultés les plus sévères. Évidemment, cette dernière est « la vie selon l'Esprit ».

Questions à discuter

* *De quoi s'agit-il quand Paul parle de « la chair » comme en Romains 6.1-11 ?*
* *Qu'est-ce qui détermine si notre esprit sera fixé sur l'Esprit ou sur la chair ?*
* *Décrivez « la vie selon la chair ».*

III. COMMENT MAINTENIR UNE VIE MISE AU POINT
Romains 8.12-17

A. Conduit par l'Esprit

Le seul remède pour l'irrésolution spirituelle, c'est-à-dire, l'effort vain à vivre selon l'Esprit en même temps que de se concentrer sur soi-même, est de se soumettre à la direction du Saint-Esprit. La pureté du cœur est de vouloir agir seulement selon la volonté de Dieu ; c'est de s'affectionner aux choses de l'Esprit, de vivre sous la direction de l'Esprit. Mais est-ce possible de vivre de cette façon ? Si oui, comment ?

Dans la vie de Jésus-Christ sur la terre, nous voyons qu'il vivait une vie de sainteté dans les circonstances et les conditions humaines. Avait-il des ressources qui ne nous sont pas accessibles ? Non, pas vraiment. Par la propitiation de Jésus, faite sur la croix, le péché a été vaincu là où il avait régné, c'est-à-dire dans la chair, dans les affections, le siège de la corruption. « Il n'y a donc maintenant aucune condamnation pour ceux qui sont [non des gens religieux, mais ceux qui sont] en Jésus-Christ, avec l'esprit fixé sur la vie selon l'Esprit, et par la puissance de l'Esprit » (Romains 8.1).

B. Des qualités de la vie selon l'Esprit

1. **Par l'Esprit, il y a la libération de la condamnation — Romains 8.1.** Le sens de la culpabilité et de l'infériorité ne tourmente plus le chrétien qui a été purifié du péché et rempli de l'Esprit de Christ. En lui on trouve une force invisible qui donne la victoire. Ce chrétien sent une paix profonde et la présence de Dieu dans son cœur.

2. **Dans l'Esprit, on est libéré des affections de la chair — Romains 8.6.** Paul dit que cette liberté résulte dans la vie et la paix. Souvent les chrétiens ne savent pas distinguer entre ce qui est selon la chair et ce qui est selon l'Esprit. « Selon la chair » ne veut pas dire les besoins physiques de nourriture, air, sexe, eau — Dieu nous a créés avec ces besoins. Mais « les affections de la chair » veut dire le désir de faire tout pour soi-même, au détriment des autres et contre la gloire de Dieu. « L'affection de l'Esprit » veut dire être purifié du péché qui déforme la volonté, et être dominé par la présence et l'amour de notre Seigneur ressuscité.

3. **Dans l'Esprit, il y a une vitalité chrétienne — Romains 8.9.** Dans le monde, il existe plusieurs sortes de chrétiens : (a) ceux qui sont simplement membres des églises, (b) ceux qui agissent d'après leurs émotions, (c) des chrétiens qui insistent sur le légalisme, (d) des chrétiens théologiques, (e) des citoyens des nations appelées chrétiennes, qui donc se considèrent chrétiens en raison de leur naissance. Mais les vrais chrétiens sont ceux qui sont possédés par l'Esprit de Christ. Ceux qui ne sont que des chrétiens nominaux

connaissent quelque chose de Christ, mais les vrais chrétiens Le connaissent intimement.

4. Par l'Esprit, nous avons l'instruction et la direction — Romains 8.14. Le chrétien qui vie selon l'Esprit, qui a été libéré des affections de la chair, reçoit la direction dans son cœur d'une façon inconnue à d'autres. Il écoute la voix intérieur de l'Esprit qui le guide dans ses décisions journalières. Le chrétien sensible obéit aux avertissements de l'Esprit.

5. Par l'Esprit, nous avons l'assurance du salut éternel — Romains 8.16. Il y a dans le vrai chrétien des évidences externes d'une vie changée. La manière de vie des chrétiens diffère de celle du monde. Leurs habitudes sont différentes en ce qui concerne le respect pour le jour du repos (le dimanche). Leurs divertissements sont différents ; leurs moraux sont purs ; ils refusent d'abîmer leurs corps par les drogues, l'alcool et le tabac ; et ils possèdent un grand amour pour leurs prochains.

La vie dans l'Esprit est caractérisée par : la paix (Romains 8.1, 6, 15) ; la liberté (8.2, 6, 15-16) ; la justice (8.3-4) ; la vitalité (8.10-11) ; la direction de Dieu (8.14) ; l'assurance (8.15-16) ; et l'espoir de la gloire et de la vie éternelle avec Christ (8.17-18, 30).

C. Définition du terme sanctification

Souvent on parle de la sanctification comme si c'était quelque chose de très mystérieux et incompréhensible — connue seulement par certaines personnes. La réalité de la sanctification ne peut être comprise que par l'expérience, mais on peut trouver le sens du mot dans n'importe quel dictionnaire. Presque toutes les définitions données implique un aspect humain et un aspect divin. La partie humaine est une consécration complète à Dieu et un dévouement à lui et à son service. L'œuvre divine est la délivrance et la purification de tout péché.

Dans les dictionnaires, nous trouvons les définitions suivantes :

1. *Larousse du XX* Siècle* : « Action de sanctifier, effet de ce qui sanctifie *(travailler à la sanctification des âmes)* ; rendre saint ; mettre en état de grâce *(la grâce nous sanctifie) ;* rendre conforme à la loi divine (s*anctifier sa vie*). »

2. *Petit Robert* : « Action de sanctifier ; résultat de cette action ; rendre saint. »

À l'égard des individus, un autre dictionnaire déclare que la sanctification veut dire « rendre saint ; rendre libre du péché ; purifier de toute corruption morale. C'est l'action de la grâce de Dieu par laquelle les affections des hommes sont purifiées ou séparées du péché et exaltées à un amour suprême pour Dieu.»

Ainsi il est clair que la personne se consacre à Dieu, et Dieu la purifie du péché et la rend capable d'aimer Dieu de tout son cœur.

Questions à discuter

- *Comment pouvons-nous avoir la direction de Dieu ?*

- *Comment est-il possible de vivre une vie de sainteté dans ce monde pollué ?*

- *De quoi est-on libéré quand on vit selon l'Esprit ?*

- *Comment pourriez-vous expliquer à un nouveau chrétien ce que c'est que la sanctification ?*

Leçon 4

DIEU POURVOIT AUX BESOINS D'UN MONDE APPAUVRI

PASSAGES BIBLIQUES SUR LA LEÇON

Jean 14.15-18 ; Éphésiens 5.25-27 ; Hébreux 13.11-16, 20-21

PASSAGES SUPPLÉMENTAIRES

2 Chroniques 30.13-17 ; Jean 17.17-20 ; Hébreux 7.25 ; 9.13-14 ; 10.10

VERSET À RETENIR

« C'est pour cela que Jésus aussi, afin de sanctifier le peuple par son propre sang, a souffert hors de la porte » (Hébreux 13.12).

BUT DE LA LEÇON

Présenter la plénitude de la rédemption de Dieu en Christ dans le but de vivre une vie sainte abondante.

INTRODUCTION

Dans la dernière leçon, nous avons parlé de la boussole pour illustrer l'idée de la direction et du but qui est un élément important dans la vie de sainteté.

La Croix est à la fois une boussole et une promesse. Nous dévierions du cap fixé si nous ne trouvions pas notre direction à genoux au Calvaire.

Dans cette leçon, nous allons examiner la relation de la sainteté personnelle à l'action la plus importante du Dieu éternel dans toute l'histoire — la conception anticipée de la mort, de ia résurrection et de l'ascension de son Fils unique, Jésus de Nazareth.

Comme Jésus s'est identifié à Dieu le Père pendant sa vie terrestre, après la résurrection II s'est identifié à Dieu le Saint-Esprit.

Cette leçon commence avec un appel fort à s'humilier — devant la Croix, il n'y a pas de place pour l'orgueil. Nous dirigeons nos pensées selon le principe de la vie en Christ, comme Paul dit : « J'ai été crucifié avec Christ ; et si je vis, ce n'est plus moi qui vis, c'est Christ qui vit en moi » (Gai. 2.20). La Croix est au cœur de la vie sainte.

Notre leçon suit cette esquisse :

I. La sainteté commence à la Croix — Jean 14.15-18 ; Hébreux 13.11-16

II. La relation de la Croix à la sainteté — Éphésiens 5.25-27 ; Hébreux 13.11-16, 20-21

III. La sanctification pourvue par Jésus — Jean 14.15-18 ; Éphésiens 5.25-27 ; Hébreux 13.13

I. LA SAINTETÉ COMMENCE À LA CROIX

Jean 14.15-18 ; Hébreux 13.11-16

A. Un appel à la crainte révérencielle — Hébreux 13.11-16

La sainteté est un mot presque impossible à définir. Et de ce fait, l'Expiation faite par Christ est la plus grande de toutes les mystères de Dieu qu'on ne peut expliquer (1 Tim. 3.16 ; 2 Corinthiens 5.18-19). On ne doit pas jouer avec le mot Croix, ni y penser à la légère.

Les hommes ont leurs pensées les plus profondes au Calvaire ; ils y chantent leurs cantiques les plus beaux, et adressent les prières les plus sincères. Là, à la Croix, Dieu en Christ fit l'acte le plus grand de tout autre acte même de Dieu. Au Calvaire, Dieu a fait ce que personne d'autre ne peut faire. « Celui qui n'a point connu le péché, il fa fait devenir péché pour nous, afin que nous devenions en lui justice de Dieu » (2 Corinthiens 5.21).

B. La raison pour laquelle Jésus mourut — Jean 14.15-18 ; Hébreux 13.11-16

Il est clair que le Père éternel avait un triple but à accomplir par la mort de son Fils unique. (Voir la Section D.) Des bienfaits innombrables sont accordés à l'humanité à cause de la mort de Jésus sur la Croix. Clovis, un ancien roi des Francs, en entendant l'Évangile de Jésus, s'exclama : « Si j'y avais été, Jésus n'aurait pas souffert tout cela ! » Mais c'était précisément parce que Dieu y était, que Jésus mourut sur la Croix. « Car Dieu était en Christ, réconciliant le monde avec lui-même, en n'imputant point aux hommes leurs offenses, et il a mis en nous fa parole de la réconciliation » (2 Corinthiens 5.19). « Le Père a envoyé le Fils comme Sauveur du monde » (1 Jean 4.14). « Car tous ont péché et sont privés de la gloire de Dieu ; et ils sont gratuitement justifiés par sa grâce, par le moyen de la rédemption qui est en Jésus-Christ. C'est lui que Dieu a destiné, par son sang, à être, pour ceux qui croiraient, victime propitiatoire » (Romains 3.23-25a).

C. Les conséquences de sa Croix

Les conséquences sont nombreuses. « Que dirons-nous donc à l'égard de ces choses ? Si Dieu est pour nous, qui sera contre nous ? lui, qui n'a point épargné son propre Fils, mais qui l'a livré pour nous tous, comment ne nous donnera-t-il pas aussi toutes choses avec lui ? » (Romains 8.31-32).

L'expression « toutes choses » renferme : l'élection à la vie par la foi ; la justification des péchés ; la libération de la condamnation ; la plénitude de la vie ressuscitée ; l'intercession de notre Seigneur ressuscité ; et la vie qui est « cachée avec Christ en Dieu », de laquelle rien ne peut nous séparer (Romains 8.32-39).

D. Le triple but — Hébreux 13.11-16

Le triple but, mentionné dans la Section B, que Dieu avait dans la mort de Christ, le voici :

1. Le pardon des péchés (voir Colossiens 2.13 ; 1 Jean 1.9).

2. La purification du péché et la pureté du cœur (voir Actes 26.16-18 ; Tite 2.14).

3. La vie éternelle (voir Jean 3.16).

En réalité ces trois ne sont qu'UNE grande œuvre avec trois significations. Le pardon est pour ceux qui se repentent de ce qu'ils ont fait ; la purification est pour ceux qui se sentent chargés par ce qu'ils sont et ce qui se trouve dans leurs cœurs ; et la vie éternelle est la vie de Dieu comme une possession actuelle pour celui qui croit.

Les paroles suivantes d'un cantique sont très significatives : « A moi, avec son Nom précieux sont donnés, le pardon, la sainteté et le paradis. »

Questions à discuter :

1. Quelles sont les raisons pour lesquelles Christ mourut ?
2. Nommez quelques bienfaits que nous recevons à cause de la Croix de Christ.
3. Distinguez entre le pardon des péchés et la purification du péché.

II. LA RELATION DE LA CROIX À LA SAINTETÉ

Éphésiens 5.25-27 ; Hébreux 13.11-16, 20-21

A. L'Évangile de la sanctification — Hébreux 13.11-13

C'est la Parole sans ambiguïté de Dieu que Jésus mourut « afin de sanctifier le peuple par son propre sang » (Hébreux 13.12). Dans le Nouveau Testament, « le peuple » veut dire SON peuple, c'est-à-dire ceux qui RESSEMBLENT A CHRIST, ou les chrétiens — collectivement, l'Église qui est le Corps de Christ.

Le Dr W.T. Purkiser, un théologien, dit que les Ecritures suggèrent ici quatre faits au sujet de la mort de Jésus par rapport à la sanctification :

a. Les personnes. « Le peuple » est le mot souvent employé dans la Bible pour indiquer le peuple de Dieu. En 1 Thessaloniciens 4.3, nous lisons : « Ce que Dieu veut, c'est votre sanctification. » Ces paroles furent adressées aux chrétiens.

b. Le but Le peuple de Dieu sont « justifiés par son sang ... [et] sauvés par lui de la colère » (Romains 5.9 ; et de plus, ils doivent être « sanctifiés par son propre sang. » Un érudit biblique a paraphrasé ce verset (Hébreux 13.12) comme suit : « C'est pour cette raison que Jésus a souffert hors de la porte, afin qu'il puisse rendre les hommes acceptables dans la présence de Dieu, par son sang. »

c. Le prix. Ce n'est pas seulement le pardon qui coûte cher, mais aussi la purification. son prix était les souffrances et la mort de notre Rédempteur. Ce n'est que son sang qui peut nous purifier de tout péché » (1 Jean 1.7).

d. L'appel. Le verset 13 conclut l'invitation à la consécration. La récompense finale du chrétien pour la fidélité ne se trouve pas dans ce monde. Elle se trouve dans la cité sainte qui est à venir (Apocalypse 21.2).

L'ordre de chercher la sainteté est pour tout le monde ; l'Évangile de la sainteté est pour le peuple de Dieu. Pour ces derniers, l'ordre légal est devenu la promesse évangélique. L'ordre « Soyezsaints » est devenu « Vous serez saints » (1 Pi. 1.16). John Wesley remarqua à propos d'Hébreux 13.12 : « Le peuple — ceux qui croient en Christ. Par son propre sang — non par des anciens sacrifices qui n'étaient que des types du sacrifice de Christ et qui n'ont plus de valeur.»

B. L'épouse pure de Jésus-Christ — Éphésiens 5.25-27

La Bible dit : « Les deux deviendront une seule chair » (Matthieu 19.5b), et « Celui qui s'attache au Seigneur est avec lui un seul esprit (1 Corinthiens 6.17 ; voir aussi Jean 17.23 ; Éphésiens 4.4). Ces versets doivent être suffisants pour nous convaincre que le peuple de Christ est un peuple pur. Christ mourut afin d'enlever de l'âme et de la nature de son Église toute tache d'impureté, toute ride et toute indication de corruption. Mol, je fais partie de cette Église si je crois en lui. Par conséquent, « Christ s'est livré luimême pour mol, par la purification par l'eau et la parole, afin de me faire paraître devant lui sans tache, ni ride, ni rien de semblable, mais que je sois saint et sans défaut.»

Voilà ce qu'il a pourvu à son peuple, donc pour MOU

C. La garantie et le Garant — Jean 14.16-16 ; Hébreux 13.20-21

"Le Dieu de paix » est le Dieu d'action efficace (Hébreux 13.20). La paix est l'action efficace. Le Saint-Esprit est Dieu en action. C'est « par l'Esprit éternel que Jésus s'est offert sans tache à Dieu ». C'est « selon l'Esprit de sainteté » que Jésus démontre sa divinité par sa résurrection d'entre les morts » (Romains 1.4). C'est « le Dieu de paix » qui sanctifie son peuple tout entier (1 Thess. 5.23), et le « Dieu de paix » qui donnera à son peuple la victoire complète sur leur ennemi le plus fort (Romains 16.20).

La grande garantie que Dieu tiendra sa parole et qu'il nous sanctifiera entièrement est le fait qu'il a ressuscité d'entre les morts notre grand Berger et lui a donné tout pouvoir.

C'est lui, donc, qui peut et qui veut vous rendre « capables de toute bonne œuvre pour l'accomplissement de sa volonté, et [faire] EN VOUS ce qui lui est agréable, par Jésus-Christ (Hébreux 13.21 ; voir aussi Phil. 2.12-13).

Questions à discuter :

1. Expliquez la relation entre l'Expiation et notre sanctification complète.

2. Qui sont éligibles à la sanctification ?

3. Est-il possible pour le chrétien d'être « sans défaut » ? Comment ?

III. LA SANCTIFICATION POURVUE PAR JÉSUS

Jean 14.15-18 ; Éphésiens 5.25-27 ; Hébreux 13.13

A. Jésus promit à Ses disciples le Saint-Esprit qui demeurera avec eux — Jean 14.15-17

Jésus, durant sa vie sur la terre, était limité en ce qui concernait le temps et l'espace. Mais le Saint-Esprit ne l'est pas. Il n'y a aucune nuit trop ténébreuse, ni aucun endroit trop loin, ni aucun problème trop difficile pour qu'il puisse le toucher. Comme notre Avocat, Il se met à côté de nous. Comme notre Conseiller, Il nous guide. Il est notre Aide quand nous en avons besoin. Et quand nous nous sentons seuls, sans que personne ne s'occupe de nous, Il est notre Consolateur. Avec de telles pensées, Jésus put consoler Ses disciples pendant leur dernier repas ensemble, quand leurs esprits étaient déchirés par l'inquiétude des questions non résolues m « Que votre cœur ne se trouble point. Croyez en Dieu, et croyez en moP' (Jean 14.1).

Nous avons besoin d'informations et d'éducation, mais il est encore plus important de comprendre l'œuvre du Saint-Esprit, qui est le Consolateur promis par Jésus, qui viendra demeurer éternellement avec chacun de Ses disciples.

B. Paul expliqua la sanctification par deux analogies — Éphésiens 5.25-27

Pour expliquer le miracle du salut, Paul utilisait les analogies de la rédemption, l'adoption et la propitiation. Et pour expliquer l'œuvre du Saint-Esprit dans la sanctification, il a choisi deux belles analogies.

1. « Maris, aimez vos femmes, comme Christ a aimé l'Églisen (Éphésiens 5.25). Un mari peut aimer sa femme de deux façons : (a) l'aimer comme il s'aime lui-même ; et (b) l'aimer de manière à produire des remerciements et de l'appréciation. C'est comme cela que Christ a aimé l'Église. C'était un amour qui Le poussait à se livre pour elle.

2. La deuxième analogie était celte du lavage et du nettoyage d'un vêtement. Toute femme de l'époque comprenait bien la tâche de laver les vêtements dans la rivière, et puis de les faire sécher, essayant d'effacer les rides et les plis. C'est ainsi que Jésus veut nettoyer ou purifier l'Église. Il voulait qu'elle soit une Église glorieuse, « sans tache, ni ride, /y rien semblable » (Éphésiens 5.27). Il veut la même chose pour chaque personne dans son Église.

C. Comment Jésus pourvoit à la sanctification pour son peuple — Hébreux 13.13

Dans l'Ancien Testament il y avait des rites faits par les sacrificateurs pour enlever les péchés. Le sacrificateur par une cérémonie plaçait sur la tête d'un bouc, choisi particulièrement pour cette occasion, les péchés du peuple ; et puis le bouc était chassé hors du camp, entraînant avec lui toutes les iniquités du peuple. C'est exactement cela que Jésus a fait pour sanctifier son peuple par son propre sang. Il a pris sur lui-même les péchés de tout le peuple et, sur une colline hors de la ville de Jérusalem, Il a subi les souffrances et la mort, portant l'opprobre de tous les péchés de tout le peuple du monde.

Chaque chrétien doit se rappeler que Jésus mourut sur la Croix, non seulement afin que nous soyons pardonnés, mais aussi afin que nous soyons entièrement sanctifiés. Ce fait est renforcé par la belle bénédiction de cette lettre aux Hébreux que se trouve au chapitre 13, les versets 20-21.

Questions à discuter :

1. Quels sont plusieurs noms donnés au Saint-Esprit ; et quelle est la signification de chacun d'eux pour notre vie ?

2. Expliquez la comparaison entre l'amour d'un mari pour sa femme et l'amour de Christ pour son Église.

3. Quels sont les deux buts de la mort de Jésus sur la Croix ?

Leçon 5

ENTRANT DANS LA VIE ABONDANTE

PASSAGES BIBLIQUES SUR LA LEÇON
Romains 6.6-18 ; 12.1-2 ; Colossiens 3.9-15

PASSAGES SUPPLÉMENTAIRES
Genèse 32.24-32 ; Josué 3.1-6 ; Matthieu 5.6 ; Jean 10.7-11 ; Actes 5.29-32

VERSET À RETENIR
« Si donc, méchants comme vous l'êtes, vous savez donner de bonnes choses à vos enfants, à combien plus forte raison le Père céleste donnera-t-il le Saint Esprit à ceux qui le lui demandent » (Luc 11.13).

BUT DE LA LEÇON
Montrer comment entrer dans la vie abondante, c'est-à-dire la vie de sainteté.

INTRODUCTION

Aujourd'hui nous allons examiner d'autres aspects de la vie de sainteté. Nous trouverons que la sainteté est une invitation à la vie en abondance, quelque chose que Dieu nous donne afin que nous puissions réaliser la plénitude de la vie. Nous comprendrons mieux cette bénédiction, premièrement par l'élimination des éléments négatifs, et puis par la considération de plusieurs métaphores que l'apôtre Paul emploie pour indiquer les conditions nécessaires pour recevoir la sanctification. Le but de l'apôtre, évidemment, est de nous faire entrer dans l'expérience de l'entière sanctification.

Nous allons découvrir que l'inscription écrite sur la porte d'entrée qui conduit à la vie abondante de la sainteté dit : « Renoncez à tout si vous voulez entrer par ici. »

Les passages bibliques que nous allons considérer nous enseignent que c'est Dieu lui-même qui nous rend capables de nous consacrer entièrement à lui ; mais, tout de même, c'est un acte volontaire de notre part, par lequel nous nous soumettons à Dieu avec gratitude. Il y a le principe de la mort à l'égoïsme que Jésus exprima quand il dit : « Si le grain de blé qui est tombé en terre ne meurt, il reste seul ; mais, s'il meurt, il porte beaucoup de fruit@ (Jean 12.24).

Il y a plusieurs expressions employées pour décrire la vie abondante : la vie remplie de l'Esprit, la vie entièrement sanctifiée, la vie victorieuse, la plénitude de l'Esprit, la sainteté chrétienne, la vie sainte, la vie de liberté dans l'Esprit, et probablement d'autres.

Voici l'esquisse de notre leçon :

I. Entrant dans la vie abondante — Romains 6.6-18

II. Les étapes pour atteindre la vie abondante

III. L'expérience de la vie abondante — Romains 6.8, 11 ; 12.1 -2 ; Colossiens 3.9-15

I. ENTRANT DANS LA VIE ABONDANTE

Romains 6.6-18 ; Jean 10.10

A. Le besoin de la vie abondante — Romains 6.12-16

John Wesley décrit comme suit les croyants en qui le péché intérieur demeure : « Ils se sentent toujours poussés à rechuter, une tendance naturelle vers la méchanceté, et une inclination à se séparer de Dieu et à tenir aux choses mondaines. Tous les jours ils sentent le péché demeurant dans le cœur, l'orgueil, l'entêtement, l'incroyance. ... Ils sentent que leur volonté n'est pas entièrement soumise à la volonté de Dieu. »

Une telle volonté est contrôlée par l'égoïsme plutôt que par l'Esprit. Même quand Christ est entré dans le cœur par la nouvelle naissance, c'est le soi qui détermine souvent les actions.

Il se peut que celui qui cherche la vie remplie de l'Esprit ne comprenne pas complètement ce qui est demandé de lui. Mais il doit, par la foi, commencer à obéir à la volonté connue de Dieu afin d'être sanctifié.

B. La vie abondante — Jean 10.10b

Une autre manière de décrire la vie sainte est d'employer les paroles de Jésus en Jean 10.10b : « Moi, je suis venu, afin que les brebis aient la vie et qu'elles l'aient en abondance » (*Segond révisée*). L'expérience de la sanctification est « l'esprit de vie en Jésus-Christ en vous » (Romains 8.2). La plénitude de l'Esprit est donc la plénitude de la vie en Jésus-Christ.

Les mots *plein*, *rempli*, *abondant* et d'autres semblables sont parmi les grands mots de la Bible. Un tel mot, *plénitude*, se trouve dans le premier témoignage de Jean-Baptiste (Jean 1.16). C'est un mot important, *remplir*, dans le premier miracle de Jésus (Jean 2.7). *La plénitude* ou *l'abondance* est la description remarquable de la vie remplie de l'Esprit (Jean 7.38-39). C'était une idée favorite de Jésus (Jean 10.10), de Paul (Romains 15.13 ; Éphésiens 5.18), et de Jean (Jean 1.14 ; 1 Jean 1.4). L'idée de *rempli* est une partie importante de l'expérience de la Pentecôte, du baptême du Saint-Esprit (Actes 2.4 ; 4.31 ; 6.8).

« La vie abondante » est donc une vraie description de la vie sainte. Le péché est le signe principal de ce qui est « en moins » dans notre nature, et la sainteté est le signe principal de ce qui est « en plus ». La présence de Jésus-Christ dans la sanctification amène la plénitude de la grâce, la plénitude de la paix, la plénitude de la joie et la plénitude de la puissance morale. Cela veut dire la possibilité que nous puissions être « remplis jusqu'à toute la plénitude de Dieu » (Éphésiens 3.19).

Chaque chrétien est sanctifié dans une certaine mesure quand il est né de nouveau. Mais l'entière sanctification, proprement dite, a lieu lorsque, par la puissance du Saint-Esprit, le croyant se donne cent pour cent à Dieu pour qu'il puisse accomplir toute sa volonté en lui. Quand le croyant fait cela, Dieu le purifie de toute souillure morale. Tout le reste de la vie se poursuit dorénavant dans l'accomplissement de la volonté de Dieu.

C. Comment entrer dans la vie abondante — Romains 6.6-18

Nous commençons avec le signe moins (-). Souvent dans la vie le processus de l'addition, de la multiplication, ou de la croissance, commence avec une soustraction. Quelque chose doit être soustrait avant qu'une action positive ne puisse arriver.

Les hommes sages ne construisent pas leurs maisons sur un tas de broussailles ; et les jardiniers ne sèment pas la semence des fleurs sur les mauvaises herbes. Le boutoir, la houe, la hache sont tous des instruments qui démontrent l'importance de la soustraction. C'est de même en ce qui concerne la vie abondante. Quelque chose doit être d'abord soustrait (enlevé) afin que quelqu'un puisse y entrer.

Un ancien prédicateur de la doctrine de la sainteté aimait dire : « Dans la justification, j'ai reçu quelque chose que je n'avais pas eu auparavant — une nouvelle vie. Dans l'entière sanctification, j'ai perdu quelque chose que j'avais toujours eu — le corps du péché. » Ce corps du péché ne peut pas demeurer avec la vie abondante.

Adam Clarke, un commentateur biblique, dit : « Le principe de vie, celui que Jésus a planté en nous, comment peut-il être développé pour atteindre sa pleine vigueur ? Ce n'est que par l'anéantissement du *corps du péché*. Notre *vieil homme*, notre nature corrompue, doit mourir aussi vraiment que Christ fut crucifié ; alors notre âme sera ressuscitée à une vie de justice de même que Jésus a été ressuscité. »

Pour connaître la vie abondante nous devons commencer par accepter l'enlèvement de ce qui refuse de se soumettre à la loi et la volonté de Dieu.

D. Quatre métaphores

La mort, le baptême et la crucifixion — par ces trois métaphores très fortes, l'apôtre Paul insiste sur l'élimination de tout élément dans la nature du chrétien qui s'oppose à la vie de Dieu en lui (voir Romains 6.1-6).

Ceux qui disent que le mieux que Dieu puisse faire pour nous dans cette vie est de réprimer le péché, semblent nier la réalité de la mort de Christ, parce que Paul dit en Romains 6.6 que notre « vieil homme » est crucifié avec Christ.

« Notre vieil homme » est la quatrième métaphore que Paul emploie. Nous sommes nés avec une nature corrompue qui infecte la personne toute entière. Et c'est cela qui, dit Paul, doit être crucifié « afin que le corps du péché soit détruit ». En Colossiens 3.5, il dit : « Faites donc mourir votre nature terrestre » (*Segond révisée*). La première étape vers la vie abondante est de se soumettre à la mort de notre nature corrompue !

Questions à discuter

* *Quel est le sens de l'expression « le vieil homme » comme Paul l'emploie ? Que faut-il faire du « vieil homme » ?*

* *Quelle est la différence entre le chrétien né de nouveau et le chrétien sanctifié ?*

* *Comment la vie sanctifiée est-elle « abondante » ?*

II. LES ÉTAPES POUR ATTEINDRE LA VIE ABONDANTE

L'entière sanctification ne veut pas dire que la personne a atteint une ressemblance parfaite avec la nature de Christ, mais l'âme a été purifiée de la corruption du péché et a été consacrée complètement à Christ. Il y a, cependant, un processus de maturation et de croissance avant et après cette œuvre divine de l'entière sanctification.

A. La première étape : l'obéissance

Soyez certain que vous marchez en obéissance à toute la lumière que Dieu vous a donnée. La moindre désobéissance à la volonté de Dieu, autant que vous le sachiez, doit être abandonnée.

B. La deuxième étape : le désir

Il faut que le vrai désir de votre cœur soit d'être délivré de l'idolâtrie de soi, afin d'être rempli de la plénitude de l'Esprit.

C. La troisième étape : la consécration

Consacrez-vous sincèrement et soumettez-vous vous-même avec tout ce que vous avez au contrôle du Saint-Esprit : votre volonté, votre temps, vos talents, votre famille, vos possessions, votre travail, vos amis — enfin tout — pour être entièrement à lui.

D. La quatrième étape : la foi

De même que vous êtes né de nouveau par la foi, vous devez recevoir la plénitude de l'Esprit par la foi. Cette foi est une confiance personnelle dans la promesse de Dieu pour la vie abondante pour vous. Notre sanctification n'est pas établie par nos œuvres ou notre mérite, mais seulement par la foi.

E. La cinquième étape : le demande

Demandez à Dieu avec confiance de vous remplir de son Saint- Esprit.

Questions à discuter

- *Comment pouvons-nous abandonner tout à Christ ? Comment pouvons-nous avoir confiance que Christ prendra soin de ce que nous lui avons abandonné ?*
- *Expliquez Matthieu 5.48. « Soyez donc parfaits, comme votre Père céleste est parfait. »*

III. L'EXPÉRIENCE DE LA VIE ABONDANTE

Romains 6.8, 11 ; 12.1-2 ; Colossiens 3.9-15

A. Le signe vertical (|)

Cela représente la relation entre l'homme et Dieu. La résurrection à la plénitude de la vie est l'œuvre de Dieu, et elle est représentée par le signe vertical. Dans cette expérience, le chrétien ressemble à Lazare. Il est ressuscité à une vie abondante, une vie de la plénitude dans l'Esprit. Il est libéré de l'embarras des bandelettes qui entouraient sons corps dans le tombeau et de la mauvaise odeur du vieux « corps de la mort ». Ce n'est que Dieu qui peut faire une telle œuvre. Le chrétien se trouve devant celui qui l'a délivré de la mort du péché et qui l'a rendu à la vie avec Dieu et qui commande : « Déliez-le et laissez-le aller ! » A sa parole, nous jetons les bandelettes. Nous nous dépouillons du « vieil homme » et de toutes ses œuvres (Colossiens 3.9) et nous passons à la plénitude de la vie dans l'Esprit. Nous disons adieu à la vie fracturée.

B. Le signe plus (+) — Romains 12.1-2 ; Colossiens 3.9-15

La sainteté est la vie abondante. Quelques-uns qui portent le nom de la sainteté adhèrent rigidement à un légalisme strict et restreignent la vie à une question de moins et moins (moins de joie et de liberté), quand Dieu veut que la vie soit une question de plus et plus. Quand nous nous dépouillons du vieil homme, nous revêtons l'homme nouveau, caractérisé par la miséricorde, la bonté, l'humilité, la douceur, la patience et l'amour (Colossiens 3.9-14). L'obéissance mène à la liberté d'être juste ; la consécration est la clé à cette vie abondante en Christ. « Si le grain de blé qui est tombé en terre ne meurt, il reste seul ; mais, s'il meurt, il porte beaucoup de fruit » (Jean 12.24). Cette sorte de consécration est la voie dans laquelle nous trouvons la plénitude de la vie. Comme l'apôtre Paul a dit :

> Je vous demande donc, frères, à cause de la bonté que Dieu vous a témoigné, de lui consacrer votre être entier : que votre corps, vos forces et toutes vos facultés soient mis à sa disposition comme une offrande vivante, sainte et digne d'être agréée. Ainsi toute votre vie servira Dieu. C'est là le culte nouveau qui a un sens, un culte logique, conforme à ce que la raison vous demande. Ne vous coulez pas simplement dans le moule de tout le monde. Ne conformez pas votre vie aux principes qui régissent le siècle présent ; ne copiez pas les

modes et les habitudes du jour. Laissez-vous plutôt entièrement transformer par le renouvellement de votre mentalité. Adoptez une attitude intérieure différente. Donnez à vos pensées une nouvelle orientation afin de pouvoir discerner ce que Dieu veut de vous. Ainsi, vous serez capables de reconnaître ce qui est bon à ses yeux, ce qui lui plaît et qui vous conduit à une réelle maturité. (Romains 12.1-2, *version Parole Vivante*)

Dans la sainteté, il y a la chair mortifiée, l'orgueil crucifiée ; mais surtout elle est la volonté sanctifiée. Si je veux me soumettre, me consacrer, et obéir constamment (Romains 6.13), je trouverai le secret du chrétien d'une vie heureuse, sainte et abondante.

Questions à discuter

- *Expliquez la signification du signe vertical.*

- *Comparez « le vieil homme » et « l'homme nouveau » dont Paul parle en Colossiens 3.9-15.*

- *Si je me consacre complètement à Dieu, comme Paul dit en Romains 12.1-2, quels changements prendront place dans ma vie ?*

Leçon 6

L'EXPÉRIENCE DE LA VIE ABONDANTE

PASSAGES BIBLIQUES SUR LA LEÇON

Actes 1.4-8 ; 2.1-4a, 37-39 ; 15.8-9

PASSAGES SUPPLÉMENTAIRES

Joël 2.28-29 ; Jean 7.37-39 ; Actes 8.12-17 ; Romains 8

VERSET À RETENIR

« Et Dieu, qui connaît les cœurs, leur a rendu témoignage, en leur donnant le Saint Esprit comme à nous ; il n'a fait aucune différence entre nous et eux, ayant purifié leurs cœurs par la foi » (Actes 15.8-9).

BUT DE LA LEÇON

Augmenter notre compréhension de l'expérience de l'entière sanctification et de sa conséquence : la vie abondante.

INTRODUCTION

Dans la dernière leçon, nous avons examiné comment entrer dans la vie de sainteté. Aujourd'hui nous allons considérer la marche dans la voie de la sainteté, ou bien, l'expérience de la plénitude de Dieu dans l'âme. Wesley dit : « La repentance est le portique ; la foi est la porte ; et la sainteté est la maison. » On pourrait appliquer l'idée de Wesley à la sainteté comme suit : La consécration est l'entrée ; la foi est la clé d'or ; et la sainteté est la communion et la ressemblance familiales.

Notre leçon biblique devrait nous enseigner que c'est l'intention de Dieu que nous tous vivions la vie abondante sous l'influence du Saint-Esprit. Nous devons considérer le Saint-Esprit, non surtout comme un invité, mais comme le résident par excellence. Nous voudrions aussi accentuer le fait que l'on reçoit personnellement le Saint-Esprit à un certain moment précis, et aussi le fait que la vie abondante dans l'Esprit est promise à tous les croyants chrétiens. Toutefois, nous ne pouvons connaître la vie continuelle de plénitude en Christ que lorsque nous marchons jour après jour selon l'Esprit.

L'esquisse de la leçon d'aujourd'hui est la suivante :

I. L'expérience de la vie abondante — Actes 1.4-8 ; 2.1-4a

II. La norme d'après le Nouveau Testament — Actes 2.37-39 ; 15.8-9

III. Une expérience reçue à un moment précis — Actes 2.38-39

I. L'EXPÉRIENCE DE LA VIE ABONDANTE

Actes 1.4-8 ; 2.1-4a

A. Expérience et doctrine

La doctrine du Nouveau Testament est le résultat de la réflexion sur l'expérience. Les premiers chrétiens ne se lançaient pas dans le monde pour enseigner les raisonnements, qui auraient pu sembler un peu bizarres, mais ils allaient avec les cœurs enflammés de la réalité de la vie en Christ.

Ce n'était pas un cas de têtes remplies d'informations, mais de cœurs remplis de l'inspiration du Saint-Esprit. La plupart des doctrines du Nouveau Testament avaient leur origine dans les efforts d'expliquer les expériences puissantes que ces premiers croyants avaient subies. L'expérience de la vie abondante, décrite dans le Nouveau Testament, commence par une promesse merveilleuse du Père céleste, affirmée par Jésus-Christ, et à laquelle un petit groupe de personnes croyait et obéissait.

1. **En premier lieu, il y a l'expérience.** L'Esprit de la vérité vient (Jean 16.13 ; Actes 1.4-5). Et certainement, il est venu, accompagné du vent et du feu et des paroles puissantes (Actes 2.1-4).

2. **Et puis la doctrine.** Le Saint-Esprit nous enseigne tout ce dont nous avons besoin concernant Christ (Jean 16.13 ; Actes 1.6-8). Nous entrons dans la vie abondante le cœur en avant, mais l'intelligence suit de près.

B. La promesse de l'Esprit — Actes 1.4

Il semble que Jésus avertissait ou préparait ses disciples contre des attentes ou interprétations irréelles de la venue de Saint-Esprit. Mais il avait beaucoup parlé de cette personne et des expériences qu'ils allaient avoir avec lui — il leur a dit d'attendre ce que le Père avait promis, ce qu'il leur avait annoncé (Actes 1.4).

Tout effort à interpréter ou expliquer l'expérience promise de la Pentecôte, doit adhérer strictement à ce que Jésus a enseigné à son peuple à l'égard de ce sujet, et ce qu'il les a encouragés à attendre. Si nous ajoutons d'autres idées, hors de ce que Jésus a dit, cela peut nous induire en erreur. Jésus a beaucoup enseigné au sujet de la venue du Saint-Esprit et des possibilités de « la vie dans l'Esprit ». Naturellement, nous pouvons témoigner de ce que Dieu fait personnellement en nous.

C. Des temps et dates exacts

Jésus refusa de fixer à Dieu ou à l'Église un programme concernant des temps et des dates qui doivent être suivis rigidement. Dieu a son programme pour la Pentecôte, mais le Saint-Esprit n'est pas un programme. Il est une personne divine qui connaît la fin à partir du commencement, il accomplira ses buts d'après les plans qu'il tient sous son autorité, les révélant seulement à ceux qui sont ses agents et qui accomplissent ses desseins. Ce n'est qu'avec ceux-là qu'il partagera sa propre puissance.

D. Le baptême du Saint-Esprit — Actes 1.5

L'important est que nous possédions le Saint-Esprit ou que nous soyons possédés par lui. Il est peu étonnant que le Nouveau Testament ait si peu de références au baptême du Saint-Esprit (il n'y en a que sept), et à la plénitude du Saint-Esprit. Cette dernière expression n'est pas employée du tout.

Tout de même, ce fait ne doit pas nous troubler, car l'idée et l'expérience se trouvent partout dans les Saintes Écritures, surtout dans le livre des Actes.

Questions à discuter

• *Comment peut-on recevoir la vie abondante en Christ ?*

• *Décrivez la vie remplie de l'Esprit (voir Éphésiens 3.14-21 ; Colossiens 3.9-15).*

II. LA NORME D'APRÈS LE NOUVEAU TESTAMENT
Actes 2.37-39 ; 15.8-9

A. La promesse est pour tous les croyants — Actes 2.39

Les chrétiens doivent être remplis de l'Esprit. Cela doit être leur expérience continuelle. Comme ce fut le cas pour Jésus (Luc 4.1), Etienne (Actes 6.5), Barnabas (Actes 11.24) et les sept diacres (Actes 6.3). Nous devons comprendre que cela était la vie normale des chrétiens dans le Nouveau Testament. Nous pouvons attendre qu'il y aura des occasions spéciales d'être remplis de l'Esprit, quand nous avons des besoins particuliers : par exemple, quand nous devons prendre des décisions importantes, ou que nous faisons face à des circonstances difficiles, ou qu'il faut faire un témoignage spécial, ou qu'il y a besoin de confort ou de consolation. Dans de telles circonstances et d'autres, les gens du Nouveau Testament, qui avaient déjà reçu le baptême du Saint-Esprit à un moment précis, étaient remplis de l'Esprit de nouveau à plusieurs reprises. Ce qui compte le plus est que nous soyons remplis de l'Esprit.

B. L'ordre d'être rempli — Actes 2.38

Comparez Actes 2.38 à Éphésiens 5.18 qui dit : « Soyez remplis de l'Esprit. » Les chrétiens partout sont exhortés à trouver la vie abondante dans l'Esprit. Ce verset implique non seulement l'acte d'être rempli, mais aussi la vie continuelle dans l'Esprit. Le verbe dans la langue grecque est au temps impératif présent qui veut dire : « Soyez continuellement remplis de l'Esprit. »

La vie abondante en Christ n'est possible que lorsque nous vivons sous le contrôle du Saint-Esprit. Le don du Saint-Esprit n'est pas seulement une promesse, mais aussi un ordre.

C. Les caractéristiques d'être rempli de l'Esprit—Actes 15.8-9

La vie abondante en Christ ne se réalise que lorsque nous sommes remplis du Saint-Esprit. La vitalité de l'Église du Nouveau Testament peut être attribuée seulement à la plénitude du Saint-Esprit. La puissance spirituelle évidente (Actes 4.33) est la dynamique du Saint-Esprit (Actes 1.8 ; Romains 15.13), La sainte exubérance provient du Saint-Esprit (Actes 2.13 ; Éphésiens 5.18).

La vie pleine de l'Esprit reçoit en abondance la joie de Dieu, et elle possède aussi les ressources afin de donner la joie à Dieu et aux hommes. La joie du croyant est complète (pleine) parce que c'est la joie de Jésus (Jean 15.11). Ils sont « remplis de toute joie et de toute paix dans la foi » (Romains 15.13). Leur pureté de cœur et de vie est l'œuvre du Saint-Esprit (Actes 15.8-9). Sans la pureté, tout pouvoir serait corrompu et toute joie serait une feinte.

La vie abondante est riche et enrichissante ; elle est bénie et bénit d'autres personnes. « Celui qui croit en moi, des fleuves d'eau vive couleront de son sein. … Il dit cela à propos de l'Esprit » (Jean 7.37-39).

Paul dit nous que l'expérience de la vie abondante par et dans le Saint-Esprit renferme aussi ce que nous pouvons appeler un enrichissement mental et intellectuel. Elle rend les croyants capables d'abonder en espérance, d'être pleins de bonnes dispositions, remplis de toute connaissance, et capables de s'exhorter les uns les autres (voir Romains 15.13-14).

La pensée de Christ, qui est le discernement de l'Esprit, est une partie de la vie abondante.

D. La mesure de la plénitude

Il n'y a pas de limite à l'abondance que nous pouvons avoir dans l'Esprit. Comment peut-on décrire « toute la plénitude de Dieu » (Éphésiens 3.19). La plénitude de Dieu est promise à chaque croyant, sans respect des distinctions humaines (Actes 2.38-39 ; voir aussi 2.17-18 ; Joël 2.28-29). Le Saint-Esprit est glorieusement accessible à tous. Il viendra avec toute sa plénitude de la Pentecôte...

... sur les petits et les grands,

... sur les riches et les pauvres,

... sur les esclaves et les libres,

... sur les soignés et les négligés,

... sur les hommes et les femmes,

... sur les jeunes et les vieux.

Toute chair verra la gloire de Dieu. Dieu répandra son Esprit sur toute chair. C'est « pour vous tous », dit Pierre — jusqu'aux extrémités de la terre et à la fin de l'âge ! (Actes 2.38-39).

Questions à discuter

* *Comment la vie abondante et la joie vont-elles ensembles ? Est-il possible d'avoir la vie abondante et manquer la joie ?*

* *Y a-t-il de différence entre « remplis du Saint-Esprit » le jour de la Pentecôte en Actes 2.4 et « remplis du Saint-Esprit » en Actes 4.31 ? Expliquez.*

III. UNE EXPÉRIENCE REÇUE À UN MOMENT PRÉCIS

Actes 2.38-39

Sans exception, chaque promesse de la vie abondante de l'Esprit est donnée aux chrétiens, c'est-à-dire à ceux qui sont déjà nés de nouveau. Et chaque exemple dans le Nouveau Testament de ceux qui recevaient la vie abondante concernait une personne ou un groupe qui avaient déjà accepté Christ. Le message pour les non croyants comporte des conditions et des promesses différentes. Seuls les chrétiens nés de nouveau peuvent réclamer et recevoir la vie abondante.

Le baptême du Saint-Esprit est une expérience à un moment précis parce que c'est un don — le don d'une personne qui vient demeurer dans nos cœurs.

Question à discuter

- *Quand nous sommes purifiés de tout péché, est-il possible de pécher de nouveau ? Expliquez.*

Leçon 7

L'ÉVIDENCE DE LA VIE ABONDANTE

PASSAGES BIBLIQUES SUR LA LEÇON

Jean 15.1-8 ; 1 Corinthiens 2.9-12 ; Galates 5.22-25

PASSAGES SUPPLÉMENTAIRES

Ésaïe 32.14-18 ; Matthieu 7.15-20 ; Éphésiens 5.15-21 ; 1 Jean 3.21-24 ; 4.13

VERSET À RETENIR

« Mais le fruit de l'Esprit, c'est l'amour, la joie, la paix, la patience, la bonté, la bénignité, la fidélité, la douceur, la tempérance ; la loi n'est pas contre ces choses » (Galates 5.22-23).

BUT DE LA LEÇON

Essayer de démontrer que la vie abondante en Christ se manifestera dans le fruit de l'Esprit qui habite en nous.

INTRODUCTION

Notre étude d'aujourd'hui concerne les évidences de la sainteté dans nos vies. On raconte que quand Coolidge, l'un des présidents des États-Unis mourut, un jeune journaliste se précipita dans le bureau de l'éditeur, criant : « Le Président est mort ! » Sans lever la tête, l'éditeur lui demanda : « Comment le savez-vous ? » Cette question peut être appliquée à la sainteté. Comment savons-nous que nous vivons dans la sainteté ?

Cette leçon concerne l'évidence de la vie. La doctrine vient de l'expérience. Nous allons examiner comment la vie qui porte du fruit est le vrai témoin de la vie dans l'Esprit. Notre objectif est de souligner le fruit de l'Esprit, plutôt que les dons de l'Esprit comme la méthode de Dieu pour vérifier la sainteté du cœur. La différence entre les dons de l'Esprit et le fruit de l'Esprit est que les dons sont donnés sélectivement, tandis que le fruit est produit en tous, comme l'évidence incontestable de la présence de l'Esprit.

45

Nous utiliserons l'esquisse suivante pour notre étude :

I. L'évidence de la vie abondante — Jean 15.1-8 ; 1 Corinthiens 2.9-12 ; Galates 5.22-25

II. La source de la vie abondante et son fruit — Jean 15.5 ; Galates 5.22-23

III. De la parabole au précepte — Jean 15.1-8

I. L'ÉVIDENCE DE LA VIE ABONDANTE

Jean 15.1-8 ; 1 Corinthiens 2.9-12 ; Galates 5.22-25

A. L'excellence morale

Les écrivains du Nouveau Testament connaissaient des chrétiens qui pouvaient parler en d'autres langues, qui pouvaient prédire le futur, guérir les malades, et même ressusciter les morts. La Bible présente des gens avec des pouvoirs rares d'intelligence et de sagesse.

La Bible parle aussi de groupes chrétiens qui élevaient ces dons rares et impressionnants au-dessus du caractère chrétien établi.

Mais toujours les écrivains, surtout Paul et Jean, reviennent au point principal que la plénitude de l'Esprit résulte dans la pureté du cœur et une vie morale et juste. « Quand je parlerais des langues … quand j'aurais même toute la foi … quand je distribuerais tous mes biens pour la nourriture des pauvres, quand je livrerais même mon corps pour être brûlé, si je n'ai pas la charité, cela ne me sert de rien » (1 Corinthiens 13.1-3).

Quelqu'un a suggéré que pour peindre une image de Jésus, il suffirait de remplacer le mot charité, qui veut dire amour, par le nom Jésus, en 1 Corinthiens 13.4-7.

Le fruit de l'Esprit est en réalité les vertus de Jésus :

La joie est l'amour louant,

La paix est l'amour se reposant,

La patience est l'amour supportant,

La bonté est l'amour sentant,

La bienveillance est l'amour se démontrant,

La fidélité est l'amour se confiant,

La douceur est l'amour calmant,

Le maîtrise de soi est l'amour se contrôlant.

B. Allégories jumelles

Le fruit de la vigne (Jean 15.1-8) et la récolte de l'Esprit (Galates 5.22-23) sont pareils en contenu et intention. Ils sont des moyens légèrement différents de dire la même chose.

Si la vie qui est en moi est la vie de l'Esprit de Christ (Romains 8.9-10), donc les qualités évidentes dans ma conduite et mes attitudes doivent être en harmonie avec celles évidentes dans la vie de Jésus. Notre Seigneur dit : « Demeurez en moi, et je demeurerai en vous » (Jean 15.4), et « Sans moi vous ne pouvez rien faire » (Jean 15.5).

Et Jean ajoute : « Celui qui déclare demeurer uni à Dieu doit vivre comme Jésus a vécu » (1 Jean 2.6, *version Bonnes Nouvelles*).

Le message tout entier des passages bibliques que nous étudions aujourd'hui est bien évident : Le fruit de l'Esprit est l'évidence primaire et ultime de la religion décrite dans le Nouveau Testament. L'évidence de la vie abondante chrétienne est renfermé dans les mots amour, joie, paix, etc.

Questions à discuter

*   *Quelle est l'évidence d'un cœur purifié ?*
*   *Lequel des fruits nommés en Galates 5.22-23 est le plus important ? Pourquoi ? (voir 1 Corinthiens 13.13).*

II. LA SOURCE DE LA VIE ABONDANTE ET SON FRUIT
Jean 15.5 ; Galates 5.22-23

A. La ressemblance avec Christ

Il n'y a aucun fruit de l'Esprit qui n'est pas évident dans la vie de Jésus-Christ, Ainsi, puisqu'il est notre vie, c'est ce fruit, produit en abondance, qui est l'évidence de la vie abondante dans l'âme. « Voici comment apparaît la gloire de mon Père : quand vous portez beaucoup de fruit et que vous vous montrez ainsi mes disciples » (Jean 15.8, *version Bonnes Nouvelles*). « Tous connaîtront que vous êtes mes disciples, si vous avez de l'amour les uns pour les autres » (Jean 13.35). Agape, l'amour qui provient de Dieu ne peut pas plus provient d'une vie impie que des raisons peuvent se produire sur des épines (Matthieu 7.15-20).

L'amour qui se soucie des autres et qui se partage avec eux, est son amour (Jean 15.10, 12) dans nos cœurs (Romains 5.5). La joie qui rayonne de nous recommande l'Évangile et attire d'autres, est sa joie. La paix qui nous possède et qui calme nos craintes est sa paix (voir Jean 14.27). Cette paix, en Jésus, sera évidente dans les jours troublés aussi bien que dans les jours calmes. Jésus a dit : « Ayez la paix en moi. Vous aurez des tribulations dans le monde ; mais prenez courage, j'ai vaincu le monde » (Jean 16.33).

Il ne fait pas de doute que la qualité qui identifie la vie abondante est la ressemblance avec Christ.

B. La source de la vie abondante

Aucun effort personnel ne peut produire la vie abondante qui ressemble à celle de Christ. Nous ne pourrions que briser nos cœurs si nous essayons d'imiter les vertus de Jésus sans avoir la vie et la puissance de son Esprit. « Sans moi vous ne pouvez rien faire » (Jean 15.5). La vie abondant est le fruit de l'Esprit que le Saint-Esprit produit en nous.

> *Nous ne pouvons pas créer la vie,*
> *mais nous pouvons la démontrer.*

> *Nous ne pouvons pas créer le fruit,*
> *mais nous pouvons le produire.*

> *Nous ne pouvons ni nous planter,*
> *ni nous greffer sur la vigne,*
> *mais nous pouvons enfoncer nos racines*
> *dans le sol de sa grâce et y tenir ferme.*

> *Nous ne pouvons rien faire au sujet du soleil et*
> *du vent et de la pluie, mais nous pouvons persévérer*
> *en Dieu et nous soumettre à lui, le divin vigneron.*

> *Nous ne sommes pas capables de faire beaucoup, mais*
> *nous pouvons persister à tenir ferme.*

C. Comment puis-je savoir si j'ai la plénitude de l'Esprit ?

1. Le « fruit » produit dans notre vie est l'évidence de demeurer en Christ.

2. Marcher avec l'Esprit produit ce fruit.

3. L'assurance intérieure donnée par notre esprit est reçue par l'obéissance et l'amour.

4. Nous recevons aussi une assurance intérieure donnée par le Saint-Esprit, et nous avons une confiance continue en Christ, et une impulsion d'amour pour Dieu et pour autrui (Romains 8.16).

5. Nous faisons de temps en temps des découvertes spirituelles et gagnons de nouveaux aperçus dans notre communion avec Dieu.

D. Les catégories des fruits — Galates 5.22-23

1. **Premièrement, il y a les fruits spirituels des ressources intérieures :** l'amour, la joie et la paix. L'amour est la ressource qui renferme toutes les autres et est à la base de toutes, et rend possible fa croissance de toutes. Sans amour, la joie et la paix ne peuvent pas exister.

2. **Puis il y a les fruits dans les relations humaines :** la patience, la bonté et la bienveillance. Nos attitudes envers des personnes difficiles ou jalouses, doivent être toujours contrôlées par l'amour qui se démontre par les fruits mentionnés ci-dessus.

3. **Enfin, il y a les fruits spirituels de la discipline personnelle :** la fidélité, la douceur et la maîtrise de soi. La foi permet à Dieu d'agir en nous. La douceur est la reconnaissance que nous avons besoin des autres personnes qui nous entourent. Nous ne pouvons pas réussir tout seuls. Et la maîtrise de soi est la qualité qui nous empêche de réagir d'une façon exagérée aux circonstances de cette vie.

Questions à discuter

* *Donnez des exemples dans la vie de Jésus des occasions où il a démontré certains des fruits nommés en Galates 5.22-23.*

* *Quelle est la vraie source de la vie sainte ?*

* *Comment pouvons-nous savoir si nous sommes sanctifiés ?*

III. DE LA PARABOLE AU PRÉCEPTE

Jean 15.1-8

A. Jésus est le vrai cep — Jean 15.1

Ce fut pendant le dernier repas de Jésus avec ses disciples qu'il leur donna l'exemple du cep et de la vigne. Dans plusieurs pays, on cultive les vignes qui produisent des raisins dont on fait le vin. Dans l'Ancien Testament, Israël est représenté comme une vigne (Ésaïe 5.1 ; Psaume 80.9). Mais Israël était infidèle et ne produisait pas de fruit (Ésaïe 5.2-7 ; Jérémie 2.5-8). Jésus est la vraie vigne.

Il se peut que le fruit de ta vigne qui était sur la table à ce dernier repas fait rappeler à Jésus cet exemple (Luc 22.17-18). Ou, peut-être, en allant à Gethsémané, ils passèrent par des vignes. En tout cas, cet exemple du cep et des sarments a une grande importance pour nous.

B. Deux sortes de branches —Jean 15.2

1. **Celles qui ne porte pas de fruit.** Il semble que ces branches représentent ceux qui avaient accepté Jésus, mais qui ne démontrent pas les qualités de la vie de Jésus. Puisqu'ils avaient ignoré ou négligé les principes de la vie en Christ, ils sont devenus comme des fruits secs et sont tombés (Jean 15.4, 6). Ils avaient été « en moi [Christ] », mais ils sont « jetés dehors » (15.6) — la possibilité de tomber après avoir été sauvé est claire ici. En 15.9, les mots « demeurez dans mon amour » seraient inutiles s'il n'y avait pas la possibilité de ne pas continuer à demeurer en lui. Nous devons faire l'effort de demeurer en lui, afin de ne pas perdre ses bénédictions.

2. **Celles qui portent du fruit.** Toutes les branches furent coupées, quelques-unes pour être retranchées, d'autres pour être émondées afin de porter plus de fruit. Notre vigneron, Dieu, sait émonder pour nous rendre purs et productifs.

Tout cela revient à l'importance de la pureté du cœur et de la vie. Pour nous émonder Dieu emploie : (a) sa vérité obéie (1 Pierre 1.2, 14, 22 ; Jean 15.3, 7, 10 ; et (b) sa discipline qui « produit … un fruit paisible de justice » (Hébreux 12.11).

C. Des conseils encourageants — Jean 15.1-8 ; 1 Corinthiens 2.9-12

1. Les branches productives sont sous les soins de Dieu. Les mains qui émondent sont les mains aimantes de notre Père céleste (Jean 15.1).

2. La pureté est un effet actuel et continue de l'obéissance (Jean 15.3).

3. Produire des fruits est le but de la vie (Jean 15.8). Il apporte une grande satisfaction au chrétien rempli de l'Esprit, une grande joie au Sauveur et la gloire au Père.

4. Notre dépendance est totale (Jean 15.4-5b).

5. L'assurance et la sécurité dépendent des soins et de l'attention donnés par Dieu, le vigneron, à la branche productive.

6. L'union et la communion avec Dieu résultent dans l'abondance spirituelle.

Questions à discuter

- *Comment est obtenue et maintenue la sainteté du cœur et de la vie.*

- *Expliquez la signification de la parabole du cep et des sarments. Pourquoi est-elle importante pour le chrétien sanctifié ?*

Leçon 8

LA CROISSANCE DANS LA VIE DE SAINTETÉ SCRIPTURAIRE

PASSAGES BIBLIQUES SUR LA LEÇON

Éphésiens 4.7-16 ; Colossiens 1.9-12, 21-23

PASSAGES SUPPLÉMENTAIRES

2 Corinthiens 3.17-18 ; 6.14 — 7.1 ; Colossiens 1.9-12

1 Thessaloniciens 3.11-13 ; 2 Pierre 3.18

VERSET À RETENIR

« Mais croissez dans la grâce et dans la connaissance de notre Seigneur et Sauveur Jésus Christ. À lui soit la gloire, maintenant et pour l'éternité ! Amen ! » (2 Pierre 3.18).

BUT DE LA LEÇON

Montrer que le secret de la croissance chrétienne et de la maturité est la sainteté, qui est aussi une expérience progressive.

INTRODUCTION

Le progrès dans la grâce et la croissance dans la sagesse spirituelle sont des éléments vraiment essentiels dans la sainteté chrétienne. Cette deuxième expérience de grâce, appelée entre autres choses la deuxième bénédiction et l'entière sanctification, n'est pas une arrivée, mais elle est plutôt un lancement, un point de départ. Winston Churchill, ancien premier ministre anglais, a dit, concernant la Deuxième Guerre mondiale : « Ceci n'est pas la fin. Ce n'est pas même le commencement de la fin. Peut-être c'est la fin du commencement. » On pourrait dire la même chose au sujet de la vérité biblique appelée la sainteté ou l'entière sanctification.

Aujourd'hui, nous espérons démontrer que la croissance vers une ressemblance avec Christ demande des efforts énergiques, parce que le manque de croissance est un des premiers signes d'une vie agonisante. La stabilité en Christ et la croissance dans l'amour parfait sont au cœur de la vie sainte. Nous allons accentuer aussi le fait que l'on ne croît pas vers la sainteté, mais dans la sainteté. L'esquisse de notre étude pour aujourd'hui est la suivante :

I. La croissance dans la vie de sainteté — Éphésiens 4.7-16 ; Colossiens 1.21-23

II. Le programme de développement chrétien — Éphésiens 4.7-16

III. Les buts de la vie chrétienne sanctifiée — Éphésiens 4.16 ; Colossiens 1.9-12

I. LA CROISSANCE DANS LA VIE DE SAINTETÉ

Éphésiens 4.7-16 ; Colossiens 1.21-23

A. Faisant face aux idées fallacieuses

L'auteur John Seamands dit : « Il y a deux idées fallacieuses majeures en ce qui concerne l'entière sanctification, ou la vie remplie de l'Esprit. L'une est l'idée que la plénitude de l'Esprit résulte de la croissance spirituelle, et est, ainsi, un processus graduel. L'autre est de considérer la plénitude de l'Esprit comme seulement un acte à un certain moment, dont le résultat est une condition fixe au-delà de laquelle il n'y a pas de possibilité de croissance. » Toutes les deux idées sont gravement en erreur.

L'entière sanctification est un point de crise dans l'expérience chrétienne (1 Thessaloniciens 5.23), au-delà duquel la vie de sainteté peut se développer sans l'entrave du péché intérieur. Mais la sainteté est aussi une vie à vivre, non simplement une condition, et non simplement une expérience de crise, d'un moment donné. L'apôtre Paul l'explique de cette manière : l'ordre que Dieu suit est d'abord la justification (un acte) qui mène à la justice (une vie), et la sanctification (un acte) qui mène à la sainteté (une vie).

L'entière sanctification, loin d'être le résultat d'une croissance dans les affaires spirituelles, a pour résultat une vraie amélioration morale dans toutes les domaines de la vie.

B. Ce qui est pourvu à la croissance

« Croissez ! » est l'ordre en 2 Pierre 3.18. Il y a une fable d'un jeune garçon, Pierre Pan, qui décida de ne jamais devenir adulte. L'histoire est amusante, mais quand dans l'Église se trouvent des adultes qui n'ont jamais atteint la maturité, c'est vraiment gênant. C'était le cas à Corinthe (1 Corinthiens 1.1-2), et c'est aussi le cas dans bien des Églises aujourd'hui. Nous aimons les bébés (1 Pierre 2.2), mais quand l'enfance est prolongée et le développement retardé, cela est vraiment tragique !

Il n'est pas nécessaire d'avoir un développement rabougri dans la vie chrétienne. Le Maître de la vie a préparé et projeté la croissance spirituelle et le développement, et il a pourvu en abondance à tout ce qui est nécessaire. L'enlèvement de l'obstacle le plus grand au développement spirituel est une partie du plan de Dieu pour la vie de sainteté. C'est cela que le Dieu de paix accomplit lui-même dans l'acte de l'entière sanctification du chrétien (1 Thessaloniciens 5.23). Dans cette expérience de la grâce, le but de la maturité chrétienne est évidente. C'est le désir de Dieu de «vous faire paraître devant lui saints, irrépréhensibles et sans reproches» (Col. 1.22), et que vous connaissiez «Christ, et la puissance de sa résurrection, et la communion de ses souffrances, en devenant conforme à lui dans sa mort pour parvenir … à la résurrection d'entre les morts» (Philippiens 3.10-11).

Dans le sens immédiat, l'expérience est donnée afin que «nous croissions à tous égards en celui qui est le chef, Christ. C'est de lui, et grâce à tous les liens de son assistance, que tout le corps, bien coordonné et formant un solide assemblage, tire son accroissement selon la force qui convient à chacune de ses parties, et s'édifie lui-même dans la charité» (Éphésiens 4.15-16). Le Seigneur a pourvu abondamment à ce but.

Les parents donnent des conseils à leurs enfants, en ce qui concerne leur croissance physique : *Mange bien ! Va au lit ! Ne joue pas sous la pluie !* Tous ces ordres et préceptes ont leur parallèle pour la croissance dans la vie chrétienne. Comme a dit Jésus, notre Père céleste s'intéresse à notre développement spirituel beaucoup plus que nos parents humains ne s'intéressent à notre développement physique (voir Matthieu 7.11).

Questions à discuter

- *Quelle est la condition pour atteindre le but ultime de Dieu pour ses enfants.*

- *Dans quels aspects de votre vie chrétienne avez-vous remarqué une croissance pendant les douze mois passés ?*

- *Dans quels aspects de votre vie chrétienne êtes-vous en train, sous la direction du Saint-Esprit, d'essayer de croître ?*

II. LE PROGRAMME DE DÉVELOPPEMENT CHRÉTIEN

Éphésiens 4.7-16

La maturité chrétienne n'est pas une question de jeunesse ou de vieillesse. Il est bien évident qu'il faut du temps pour le développement. Mais, à la vérité, le nombre d'années depuis que l'on est chrétien n'est pas le seul facteur. Certains chrétiens mûrissent plus rapidement que d'autres. Mais le processus d'atteindre la maturité chrétienne se base surtout sur l'empressement d'utiliser les capacités spirituelles que l'Esprit nous a données (Hébreux 5.12-14 ; 12.11).

A. La structure de l'organisation de l'Église — Éphésiens 4.11-13

La structure de l'organisation de l'Église comprend :

1. **Les officiers extraordinaires de l'Église :**

    (a) *Les apôtres :* ceux qui avaient participé avec Jésus à sa vie et son œuvre ; ils nous aident aujourd'hui grâce à leurs conseils et enseignements écrits.

    (b) *Les prophètes :* ceux qui parlent pour Dieu, exposant sa gloire et parfois prédisant ses intentions.

    (c) *Les évangélistes (missionnaires) :* ceux, dont les pieds sont beaux (Ésaïe 52.7, Romains 10.15), qui nous ont apporté la bonne nouvelle de l'Évangile.

2. **Les officiers ordinaires de l'Église :**

    (a) *Les pasteurs :* pour nous diriger et nous nourrir spirituellement.

    (b) *Les docteurs (enseignants) :* pour nous instruire et nous guider.

    (c) *Les aides et ministres :* pour pourvoir à nos besoins chrétiens. Dieu nous donne toutes ces personnes pour nous aider à croître en Christ. C'est comme si nous avons toute une équipe d'instructeurs à côté de nous, encourageant notre développement spirituel (Éphésiens 4.12). Le dessein de tout service chrétien est de réparer, maintenir et développer des saints.

B. Un don de grâce personnel de Jésus — Éphésiens 4.7-8

Il n'existe point un croyant rempli de l'Esprit qui n'a pas un ou plusieurs dons. Christ accorde des dons différents aux membres de son corps, l'Église — peut-être dix dons, peut-être cinq, ou même un seul don ; mais personne n'est jamais sans un don (Romains 12.3-8). Un pasteur sage cherche la sagesse céleste pour reconnaître et rendre possible l'emploi des dons que Christ a certainement donnés aux membres de son assemblée. Autant chacun exerce ses dons, autant l'assemblée, et même le monde, seront bénis, mais en plus, le don et celui qui le possède croîtront en grâce et en connaissance.

Il y a aussi d'autres aides pour la croissance dans la vie de sainteté : la prédication de la Parole, les réunions de prières, l'étude biblique, les prières particulières, l'amitié avec des chrétiens forts, et bien d'autres.

Questions à discuter

- *Quels sont les aides que Dieu nous donne pour développer et maintenir un caractère saint ?*

- *Est-il possible d'arriver au point où nous n'avons plus besoin de croître ? Si non, comment pouvons-nous avancer jour après jour dans la vie spirituelle ?*

III. LES BUTS DE LA VIE CHRÉTIENNE SANCTIFIÉE
Éphésiens 4.16 ; Colossiens 1.9-12

A. Les marques de la maturité chrétienne

Chaque chrétien doit devenir un individu mûr et saint, c'est-à-dire un membre saint dans le corps de Christ (voir Colossiens 1.9-12). Comme membre du corps, on doit avoir comme but la contribution à la force et à l'efficacité du corps entier (Éphésiens 4.16).

La maturité chrétienne est indiquée par :

1. **L'accord** avec les essentiels de la foi, « sa volonté » (Colossiens 1.9) ;

2. **L'expérience vivante** de Jésus-Christ (Colossiens 1.10) ;

3. **La compréhension grandissante** de la Personne de Christ (Colossiens 1.10).

4. **La stabilité d'expérience**, c'est-à-dire être libéré de l'incertitude du cœur, et pouvoir tenir ferme contre ceux qui attaquent les doctrines évangéliques bibliques (Colossiens 1.11). La plupart des fausses doctrines prospèrent à cause de l'ignorance des croyants peu développés.

5. **Les actions de grâces** rendues à Dieu pour ses bienfaits (Colossiens 1.12).

Le but le plus haut de la croissance est l'amour (voir Éphésiens 4.15). « Recherchez la charité [l'amour] », dit l'apôtre Paul (1 Corinthiens 14.1). C'est

« la voie par excellence » (1 Corinthiens 12.31). L'amour parfait est le moyen et la fin de la maturité chrétienne ; et cela veut dire qu'il n'y a pas de fin à la croissance chrétienne. L'amour de Dieu est la seule chose dans l'univers qui « ne périt jamais » (1 Corinthiens 13.8). Plus il est dépensé, plus il multiplie. L'amour parfait est le but ultime de la croissance chrétienne et c'est le cœur de toute assurance (1 Jean 3.18-24).

B. Trois règles pour la croissance spirituelle — 2 Pierre 3.18

Les chrétiens ne sont pas sanctifiés afin qu'ils puissent s'asseoir et se retrouver au ciel. La nouvelle naissance et l'entière sanctification sont précédées et suivies par la croissance spirituelle et le développement. Pierre écrit : « Croissez dans la grâce et dans la connaissance de notre Seigneur et Sauveur Jésus-Christ » (2 Pierre 3.18). Pour obéir à cet ordre, trois règles simples peuvent nous aider :

1. **Soyez absolument sincère.** Une des tentations les plus subtiles de Satan est d'essayer de nous persuader à compromettre notre intégrité. Personne ne connaît le degré de notre sincérité, sauf nous-mêmes et Dieu.

2. **Mettez votre volonté tout à fait en accord avec la volonté de Dieu.** Jésus nous a donné le meilleur exemple de cela dans sa prière à Gethsémané : « Mon Père, s'il est possible, que cette coupe s'éloigne de moi ! Toutefois, non pas ce que je veux, mais ce que tu veux » (Matthieu 26.39).

    Vers la fin du dix-neuvième siècle, durant l'Exposition universel on a exposé la plus grande collection d'horloges du monde. La plus grande horloge du monde était là, et aussi la plus petite. La plus grande était très haute, avec une grande aiguille de vingt mètres de long. Sur un piédestal à sa base on pouvait voir la plus petite, une montre suisse, plus petite qu'une pièce d'un centime. Les touristes aimaient comparer l'heure marquée sur les deux, et c'était toujours exactement la même. Quand l'horloge énorme marquait midi, la plus petite le faisait aussi. Quand la grande aiguille de vingt mètres indiquait le numéro trois, la très petite aiguille de la montre minuscule le marquait aussi. Dieu est comme la grande horloge, et nous sommes comme la très petite montre. Nous ne pourrions jamais être égal à lui ; mais nous pouvons être parfaitement en accord avec sa volonté.

3. La troisième règle pour atteindre la croissance et le développement en Christ est de **s'engager vous-même tout entièrement à Dieu.**

    La croissance dans n'importe quel domaine de la vie n'arrive pas par hasard. Dans chaque position ou profession, il faut se livrer totalement à l'œuvre. C'est la même chose dans la vie chrétienne.

Questions à discuter

- *Quelle est la meilleure garantie contre la défection dans la vie chrétienne ?*

- *Suggérez plusieurs qualités de la maturité chrétienne. Comment pouvons-nous développer ces qualités en nous-mêmes ?*

Leçon 9

LES TENTATIONS DANS LA VIE DE SAINTETÉ

PASSAGES BIBLIQUES SUR LA LEÇON

1 Corinthiens 10.12-14 ; Jacques 1.2-8, 12-15

PASSAGES SUPPLÉMENTAIRES

Psaume 73 ; Matthieu 4.1-13 ; Hébreux 4.14-16 ;

1 Jean 2.1-4

VERSET À RETENIR

« Les tentations que vous avez connues ont toutes été de celles qui se présentent normalement aux hommes. Dieu est fidèle à ses promesses et il ne permettra pas que vous soyez tentés au-delà de votre capacité de résistance ; mais au moment où surviendra la tentation, il vous donnera la force de la supporter et, ainsi, te moyen d'en sortit » (1 Corinthiens 10.13, *version Bonnes Nouvelles*).

BUT DE LA LEÇON

Démontrer que la tentation n'est pas contraire à une vie sainte ; que nous pouvons y résister et en profiter ; et que des ressources abondantes sont disponibles pour gagner la victoire sur les tentations.

INTRODUCTION

Beaucoup de gens sont gênés par la question de la tentation. Ils ne comprennent pas comment les tentations peuvent trouver une réponse dans un cœur pur. La Bible parle beaucoup sur ce sujet, mais nous ne pouvons donner ici que quelques passages. Toutefois, nous allons examiner les points essentiels. D'où viennent les tentations ? Est-ce que certaines personnes sont plus sensibles à la tentation que d'autres ? Mes tentations sont-elles plus sévères que celles des autres ? Comment puis-je réagir aux tentations ? Quelle différence y a-t-il entre les épreuves et les tentations ?

La question des tentations touche à tout le monde. Nous devons y réfléchir et chercher ce que dit la Bible à ce sujet.

Voici l'esquisse que nous voulons suivre pour notre étude :

I. La tentation des saints — 1 Corinthiens 10.12-14 ; Jacques 1.2, 12-15

H. La tentation ou l'épreuve ? — Jacques 1.2-8, 12-15

III. La victoire sur la tentation — Hébreux 4.1-16 ; 1 Corinthiens 10.13

IV. Comment triompher de la tentation — 1 Corinthiens 10.14

I. LA TENTATION DES SAINTS
1 Corinthiens 10.12-14 ; Jacques 1.2, 12.15

A. La tentation est une réalité — 1 Corinthiens 10.13

Le problème de la tentation est, et a toujours été, une des questions les plus troublantes et importantes dans la vie de sainteté.

La question suivante est souvent posée : « Comment un cœur pur peut-il être tenté ? » On raisonne que si tous les désirs méchants avaient été purgés et que nous aimons Dieu complètement, il n'y aurait rien en nous que la tentation pourrait saisir, rien qui répondrait à une suggestion de faire le mal. S'il y a la moindre réponse favorable, ne serait-elle pas l'évidence d'un désir mauvais ?

Ainsi quelques-uns se sont demandés si un cœur pur peut être tenté. Mais une grande multitude de témoins affirment que les tentations sont devenues plus fortes quand ils progressent dans leurs vies avec Jésus.

B. La tentation est universelle — 1 Corinthiens 10.13

Tous les enfants de Dieu ont deux choses en commun (1) Les tentations, et (2) le pouvoir de les vaincre.

En 1 Corinthiens 15.45-47, Paul écrit comme s'il n'y avait que deux vrais hommes dans la longue histoire de l'humanité ; et dans un certain sens, c'est bien vrai. Le premier homme était Adam dans le Jardin d'Éden, l'homme comme Dieu l'avait conçu. Le deuxième homme, le deuxième Adam, est le Seigneur Jésus-Christ. Entre le premier et le deuxième, personne n'a pu satisfaire à l'intention de Dieu pour l'homme parfait ; mais ces deux hommes parfaits partageaient une chose, malgré, ou peut-être à cause de, leur sainteté — la tentation.

Le premier fut tenté dans un environnement idéal ; le deuxième sous des circonstances les plus adverses. Chacun fut tenté par le malin. Il n'y avait rien de faux dans la tentation ni de l'un ni de l'autre.

Le premier fut vaincu, et par conséquent ses descendants sont dans la servitude jusqu'à présent. Le deuxième fut victorieux, et il donne à ceux qui croient en lui le secret et le pouvoir de vaincre chaque tentation.

Que nous puissions expliquer la tentation ou non, elle existe, et nous devons la reconnaître comme une partie très réelle de toute expérience humaine — particulièrement de ceux qui veulent marcher avec Dieu.

Ce qui importe, ce n'est pas la question de son origine ou de sa nature ; mais qu'est-ce que nous en allons faire ? Comment pouvons-nous reconnaître son approche ? Comment agir devant la tentation ?

C. Les tensions de la vie journalière

L'expérience de la sanctification n'enlève pas les complications et les tensions de la vie ordinaire. Les problèmes viennent des personnes aussi bien que des circonstances. L'apôtre Jacques, dans son épître, fait des observations concernant les tensions des affaires journalières.

1. *Les tensions de la vie sont universelles.* Jacques écrivait « aux douze tribus qui sont dans la dispersion » (1.1). Où que les chrétiens aillent, ils trouvent des épreuves et des tribulations.

2. *Les problèmes de la vie ne sont pas sans but.* « Regardez comme un sujet de joie complète les diverses épreuves » (1.2). C'est notre attitude qui compte. La seule route vers la maturité chrétienne est en apprenant comment agir et réagir aux problèmes de la vie quotidienne.

3. *Dieu a donné aux chrétiens des armes pour traiter de ces difficultés.*

(a) La sagesse que Dieu donne à ceux qui la demandent (1.5) ; (b) La foi (1.6) qui nous fait agir selon nos croyances ; (c) La stabilité (1.6-8), ceux qui sont irrésolus ne savent pas faire face aux tensions. D'ordinaire, ils blâment d'autres pour leurs problèmes ; (d) L'humilité (1.9), qui est l'acceptation de ce que nous sommes et les circonstances de notre vie.

Nous ne pouvons pas réussir tout seul, il nous faut compter complètement sur Dieu.

4. *Pour ceux qui apprennent à affronter les tensions de la vie, il y a des récompenses* (1.12). La personne qui, aidé par le Saint-Esprit, apprend à affronter les

tensions trouvera sa vie couronnée de joie, d'accomplissement, de réussite et de satisfaction.

5. *Les tentations qui viennent de l'extérieur n'ont pas de puissance s'il n'y a pas de réponse à l'intérieur.* La tentation n'a de la force que lorsqu'on est « attiré et amorcé par sa propre convoitise » (Jacques 1.14).

Questions à discuter

- *Pourquoi ceux qui sont sanctifiés sont-ils tentés et éprouvés plus fortement que d'autres ?*
- *Quelle est la source des tentations ?*

II. LA TENTATION OU L'ÉPREUVE

Jacques 1.2-8, 12-15

A. Nous devons apprendre à distinguer entre la tentation et l'épreuve

Dans le vrai chrétien, il y a un processus continuel pour raffiner sa foi et son caractère. Il y a des épreuves permises par Dieu pour faire mûrir la foi. Dans ces épreuves nous apprenons la patience qui a son tour produit l'endurance. Il ne faut pas se plaindre dans ces épreuves, mais les accepter. « Il faut que la patience accomplisse parfaitement son œuvre, afin que vous soyez parfaits et accomplis, sans faillir en rien » (Jacques 1.4). Ce sont de telles épreuves que nous devons regarder comme des sujets de joie (Jacques 1.2), et Pierre dit qu'elles sont plus précieuse que l'or (1 Pierre 1.6-7). Paul en parle aussi en Romains 5.3-5.

D'autre part, la tentation ne vient pas de Dieu (Jacques 1.13). Dieu ne tente pas les personnes (de faire le mal), comme fait leur convoitise sous la direction de Satan, et Dieu ne peut pas être tenté de faire le mal (Jacques 1.13).

B. Nous devons aussi distinguer entre le désir et la convoitise

« Chacun est tenté quand il est attiré et amorcé par sa propre convoitise » (Jacques 1.14). Une autre traduction emploie le mot *séduit* à la place d'*amorcé*. Wesley explique : « *Chacun est tenté* — le commencement de la tentation. *Il est attiré* — tenté à se séparer de Dieu, qui est son refuge. *Par sa propre convoitise* — donc, la cause du péché se trouve en nous. » Les pensées qui viennent de Satan ne peuvent pas nous nuire, sauf quand nous les acceptons. Nous avons tous certains désirs qui viennent de notre caractère, de nos habitudes, de nos sentiments et de notre manière de vivre. Puis ayant été attirés, nous sommes amorcés ou séduits, quand nous mordons à l'appât. Nos tendances naturelles et nos désirs ne sont pas mauvais, sauf quand nous prenons l'appât de Satan, et à ce moment-là le péché naît — chargé de la mort — quand nous employons un bon désir d'une mauvaise façon.

La nourriture nous est donnée par Dieu, et manger est nécessaire, bon et agréable. Mais la gloutonnerie est mauvaise.

Le sexe est donné par Dieu. Les rapports sexuels sont nécessaires et sont destinés à donner du plaisir, suivant le plan de Dieu. Mais les rapports sexuels hors du mariage et l'indulgence extrême sont mauvais ; ils ont des conséquences néfastes. Un désir fort n'est pas nécessairement mauvais, simplement parce qu'il peut conduire à la tentation.

La tentation elle-même n'est pas un péché et elle n'amène pas de blâme si nous ne permettons pas à notre désir de prendre l'appât qui nous est offert. La tentation devient péché lorsque notre volonté dit : « Entrez et soyez la bienvenue ! » Au sujet de ta tentation, R.T. Williams a écrit :

> Dites *non,* et dites-le tout de suite, et la lutte est finie, ou au moins vous êtes fortifiés contre la prochaine attaque de la même nature. Toute âme intelligente et bien instruite peut ordinairement constater, et cela presque immédiatement, si un désir croissant peut être convenablement satisfait. S'il ne peut pas être ainsi satisfait dans les limites légales et morales, supprimez-le et faites-le tout de suite.

Questions à discuter

- *Distinguez entre la tentation et l'épreuve.*
- *Quels bienfaits y a-t-il dans les épreuves ? dans les tentations ?*
- *À quel point la tentation devient-elle un péché ?*

III. LA VICTOIRE SUR LA TENTATION
Hébreux 4.1-16 ; 1 Corinthiens 10.13

A. Notre aide divin — Hébreux 4.14-16

Jésus, notre souverain sacrificateur, était tenté plus sévèrement que toute autre personne dans l'histoire. C'est lui seul qui comprend la vraie force de la tentation.

Imaginez ce qui se passerait si, l'on essayait de peser un camion rempli de minerai de fer sur une petite balance. Accéder à la tentation est, par comparaison, le moment où la balance est brisée.

Jésus connaît bien nos faiblesses. Il connaît aussi le poids de notre tentation, ayant « été tenté comme nous en toute choses », — et de façons que nous ne pouvons imaginer, sous un poids que nous ne comprenons pas, attaqué férocement par le malin lui-même — « sans commettre de péché » (Hébreux 4.15). Ainsi il peut soutenir ceux qui sont tentés. Approchons- nous donc de lui pour demander son aide (Hébreux 4.16).

Même si nous accédons à la tentation (« si » parce qu'il n'est pas nécessaire que nous péchions), approchons-nous de Jésus, parce que : « si nous confessons nos péchés, il est fidèle et juste pour nous les pardonner, et pour nous purifier de toute iniquité » (1 Jean 1.9).

B. La victoire assurée — 1 Corinthiens 10.13

En Luc 8.13, Jésus décrit les nouveaux chrétiens qui « reçoivent la parole avec joie », mais qui ne prennent pas le temps pour maintenir une vie sainte. Ils ne prient pas, ne lisent pas la Bible, ne servent pas Dieu fidèlement.

En 1 Corinthiens 10.13, il y a la description de ceux qui ont été chrétiens pendant quelque temps, mais qui sont toujours tentés et qui seront tentés davantage, l'apôtre Paul leur assure que Dieu leur préparera « le moyen d'en sortir, afin que vous puissiez la supporter ». Dieu nous donnera la puissance de vaincre les tentations. Voilà le grand bienfait qui vient de la tentation. Ce n'est pas ce dont nous sommes épargnés qui nous rend forts, mais plutôt ce que nous pouvons vaincre. Le triomphe est meilleur que la délivrance ou l'évasion. Le triomphe n'est pas un bouclier mais un renforcement. Quand Jésus fut tenté si sévèrement dans le désert et à Gethsémané, les anges ne le délivrèrent pas, mais ils le fortifièrent.

Nous avons des alliés célestes et « l'assistance de l'Esprit » pour que nous puissions vaincre les tentations (voir Philippiens 1.19). La personne remplie de l'Esprit peut trouver la grâce spéciale aux moments des tentations. « Quand l'ennemi viendra comme un fleuve, l'Esprit de l'Éternel le mettra en fuite » (Ésaïe 59.19). Et, « celui qui est en vous est plus grand que celui qui est dans le monde » (1 Jean 4.4).

En fin de compte, ce sera la profondeur de notre dévouement à Jésus, ou le manque de profondeur, qui sera la source de notre triomphe, ou la cause de notre défaite.

Si nous retenons Jésus au centre de nos affections et sur le trône de notre cœur, nous recevrons le pouvoir pour vaincre les tentations et les épreuves.

Questions à discuter

- *Comment pouvons-nous gagner la victoire dans les tentations ?*

- *Que faut-il faire quand nous sommes tentés ?*

- *Comment l'amour pour Christ peut-il nous aider à vaincre la tentation ?*

Leçon 10

LA NATURE HUMAINE DANS LA VIE DE SAINTETÉ

PASSAGES BIBLIQUES SUR LA LEÇON

2 Corinthiens 4.7-12 ; Galates 2.11-14 ; 1 Pierre 1.6-9

PASSAGES SUPPLÉMENTAIRES

1 Rois 19.9-10 ; Matthieu 26.36-45 ; Jean 11.33-36 ; Actes 15.36-41 ;
Hébreux 2.14-18 ; Jacques 5.13-20

VERSET À RETENIR

« Nous portons ce trésor dans des vases de terre, afin que cette grande
puissance soit attribuée à Dieu, et non pas à nous » (2 Corinthiens 4.7).

BUT DE LA LEÇON

Montrer qu'une humanité sanctifiée est une expérience réelle et que
l'Esprit divin peut demeurer en permanence dans la nature humaine.

INTRODUCTION

Cette leçon est une suite naturelle de la leçon précédente sur la tentation.
Nous allons voir des exemples de personnes, bibliques et contemporaines, qui
ont affronté des problèmes humains qui nous concernent tous. La sainteté
n'est pas seulement une doctrine ; c'est une manière de vivre. C'est en vivant la
vie sainte que nous rencontrons des difficultés.

Les questions suivantes se répètent : *Est-ce que les maladies indiquent toujours
un manque de sainteté ? pourquoi les gens saints peuvent-ils avoir la dépression ? que
voulons-nous dire par une humanité sainte ?* Cette étude nous aidera à distinguer
entre la sainteté et le péché en fonction de notre humanité faible.

En examinant cette question pour notre étude d'aujourd'hui, nous allons suivre l'esquisse suivante :

I. La nature humaine et la vie de sainteté — 2 Corinthiens 4.7-12

II. La relation entre la sainteté et la nature humaine — 2 Corinthiens 4.7-12

III. Les limitations de ceux qui sont sanctifiés — Galates 2.11-14 ; 1 Pierre 1.6-9

I. LA NATURE HUMAINE ET LA VIE DE SAINTETÉ

2 Corinthiens 4.7-12

A. Admettre le problème

Édouard avait été toujours bien portant, il pensait que c'était étrange que des personnes qui se considéraient sanctifiées pourraient subir une dépression par suite d'une maladie physique. Un jour, il subit soudainement une maladie assez grave. D'abord, tout n'allait pas trop mal. Il y avait, à l'hôpital, de belles infirmières qui occupaient jour et nuit tous ses besoins.

Pourtant, après quelques jours, il fut hanté par des questions : Serait-il guéri ? pourrait-il marcher de nouveau ? comment payer les dépenses occasionnées par sa maladie ? Ainsi, il devint déprimé. A-t-il perdu sa sanctification ?

Jean était un bon chrétien, sanctifié, et dévoué à Dieu et à son église. Mais sa fille commençait à tomber dans des péchés graves. Elle rentrait très tard. Elle utilisait des drogues et fréquentait de mauvais amis. Jean priait pour elle et la conseillait, mais ils ne s'entendaient pas bien. Jean faisait tout son possible, mais cette situation troublait sont esprit et ses affaires commencent à tomber en déclin. Il se tourmentait et s'inquiétait. Il se demandait : Est-ce que je suis vraiment sanctifié ?

Charles et Richard étaient depuis assez longtemps membres du conseil de leur église. Mais chaque fois que tous les deux étaient présent à une réunion du conseil, il y avait inévitablement des conflits. Charles recherca l'expérience de la sanctification, confessa ses sentiments envers Richard et essaya de s'accorder avec lui. Mais il se demandait si deux personnes si différentes en tempérament pouvaient s'accorder — même quand elles sont sanctifiées. Il trouva un peu de réconfort en Galates 2.11, mais pas beaucoup. Il se demandait de temps à autre : Est-ce que je suis entièrement sanctifié ?

Un de mes voisins possède une motocyclette avec laquelle il fait beaucoup de bruit tôt le matin, à midi et tard la nuit. Cela m'irrite parfois. Est-ce que cela veut dire que je ne suis pas entièrement sanctifié ?

Et l'incident concernant Pierre à Antioche (Galates 2.11-14) ? Devons-nous considérer cela comme péché ou comme faiblesse humaine ?

B. Ce qu'est la sanctification, et ce qu'elle n'est pas

1. La sanctification est l'expérience glorieuse d'avoir le cœur purifié par la foi du péché inné, et la présence du Saint-Esprit demeurant dans le cœur dans sa plénitude.

Il faut reconnaître, tout de même, qu'il y a des personnes non sanctifiées qui démontre certaines qualités que nous considérons chez celles qui sont sanctifiées. Mais la sanctification est plus que les qualités extérieures.

2. Nous devons comprendre ce que la sanctification ne fait pas.

(a) La sanctification ne détruit pas notre liberté de choix.

(b) La sanctification ne nous place pas hors de la possibilité d'être tenté.

(c) La sanctification ne détruit pas notre humanité.

(d) La sanctification ne nous change pas en chrétiens mûrs.

(e) La sanctification ne nous rend pas tous uniformes.

Questions à discuter

* *Lisez Galates 2.11-14, croyez-vous que Pierre n'était pas sanctifié ?*

* *Que pensez-vous des exemples donnés dans la section A. Est-ce que les qualités illustrées sont contraires à la vie sainte ?*

II. LA RELATION ENTRE LA SAINTETÉ ET LA NATURE HUMAINE
2 Corinthiens 4.7-12

A. Examinons le problème

Il y a des malentendus en ce qui concerne la relation entre la sainteté et notre humanité. «Nous portons ce trésor dans des vases de terre» (2 Corinthiens 4.7). Nous devons insister que l'œuvre gracieuse de Dieu que nous appelons l'entière sanctification ne change point la nature humaine essentielle ni les conditions dans lesquelles nous vivons. L'entière sanctification traite des questions de moralité et de notre relation avec Dieu. L'intention de Dieu dans cette expérience est de purifier la nature morale du croyant de tout ce qui empêche la communion avec le Seigneur, et de toute humeur qui est contraire à l'amour parfait.

Dieu n'a jamais promis de nous rendre exactement comme lui-même, sauf en ce qui concerne la sainteté du cœur. Et il n'a pas voulu nous rendre comme les anges au ciel qui ne souffrent pas des maux de tête ni des dépressions nerveuses. Dieu n'a même pas projeté de nous rendre comme le premier Adam avant que Satan ne l'eût fait tomber. Toutefois Dieu a promis de nous « rendre capables de toute bonne œuvre pour l'accomplissement de sa volonté » et de faire en nous « ce qui lui est agréable » (Hébreux 13.20-21).

La sanctification entière est une œuvre morale et spirituelle. Il s'agit de corriger les motifs, les intentions et le caractère des personnes. La perfection chrétienne est complètement compatible avec un jugement imparfait ou une action imparfaite. Il n'est pas logique de s'attendre à ce que chaque chrétien ait un corps parfait et une intelligence parfaite parce qu'il est né de nouveau.

B. Le trésor — 2 Corinthiens 4.7

La signification de « ce trésor » est donnée dans le verset précédent, le verset six. C'est une œuvre de Dieu intérieure qui a de puissants effets extérieurs. C'est la lumière de l'amour et de ta gloire de Dieu qui resplendit dans nos âmes parce que Jésus y demeure. Pour Paul, ce fut le souvenir du jour sur la route de Damas où la lumière, qui avait percé les ténèbres morales primitives et le chaos, brilla dans sa vie obstinée, sombre et mal dirigée. C'était aussi pour lui une lumière par laquelle il devait illuminer d'autres (Actes 9.3 ; 26.16-18). Après cette expérience, « cette grande puissance » dans la vie de Paul ne pouvait avoir qu'une explication — *Dieu.*

C. Les vases de terre — 2 Corinthiens 4.7

L'expression « vases de terre » sans doute veut dire nos corps physiques (voir 1 Thessaloniciens 4.3-5 ; 1 Pierre 3.7). Comme les flambeaux de la Présence divine dans les cruches des trois cents guerriers de Gédéon (Juges 7.19-20), la lumière de la Présence glorieuse brille dans le cœur rempli de l'Esprit. Toutefois, nous ne sommes pas dirigés à briser les vases, mais à les faire devenir les moyens de faire resplendir la gloire de Dieu en Christ. À la gloire de Dieu, nous pouvons dire qu'il met ce trésor inestimable dans des vases humains faibles. Même notre faiblesse et tes défauts du corps et de l'intelligence témoignent que toute la puissance appartient à lui-même.

D. Les vases fêlés et la gloire divine

Les difficultés mentionnées en 2 Corinthiens 4.8 représentent surtout des afflictions intérieures des sanctifiés ; celles mentionnées aux versets 9 et 10 sont des afflictions extérieures. Mises ensemble, elles indiquent l'humanité fragile dans laquelle Dieu a fait « resplendir la connaissance de la gloire de Dieu sur la face de Christ. Nous voyons, donc, les vases fêlés et la gloire divine mises côte à côte.

Vases de terre / cette grande puissance

Pressés de toute manière / non réduits à l'extrémité

Dans la détresse / non dans le désespoir

Persécutés / non abandonnés

Abattus / mais non perdus

Questions à discuter

- *Comment Dieu peut-il nous rendre plus forts, employant même nos faiblesses ?*

- *Si l'entière sanctification ne change pas notre nature humaine, que change-t-elle dans notre lutte contre la tentation ?*

III. LES LIMITATIONS DE CEUX QUI SONT SANCTIFIÉS
Galates 2.11-14 ; 1 Pierre 1.6-9

A. Notre condition déchue — 1 Pierre 1.6-7

Les passages bibliques choisies pour cette partie de notre étude révèlent les « fêlures » de notre humanité. Ils indiquent les limitations de ceux qui sont entièrement sanctifiés. Il y a bien d'autres limitations non mentionnées ici par Paul et Pierre. Dans notre humanité, nous pouvons être désemparés, affligés, perplexes de plusieurs manières, mais quand même retenir le trésor (voir Galates 2.11-14).

La vase de terre, le corps, porte les signes de la détérioration causée par le péché d'Adam, et par des millénaires de faiblesses héritées qui ont des effets sur chaque partie de notre vie ici-bas sur la terre. Nous tombons malades ; nous vieillissons ; nous devenons faibles ; nous mourons. La coordination et l'équilibre du corps et de l'intelligence souffrent, les systèmes nerveux deviennent agités dans ce monde bruyant et trépidant. Ceux qui sont sanctifiés sont aussi susceptibles de ces faiblesses humaines, mais peut-être à un moindre degré que d'autres, à cause de la présence continuelle du Saint-Esprit, qui peut « rendre la vie à vos corps mortels » (Romains 8.11). « La paix de Dieu », que ses enfants reçoivent, donne une dimension supplémentaire à la vie et pourvoit aux souffrants un baume de soulagement.

B. La condition humaine — 1 Pierre 1.8-9

Le vase de terre, parce que c'est la terre, a des tendances et des appétits qui doivent être contrôlés par des conditions changeantes, telles que l'âge et l'énergie. L'esprit humain, même dans les personnes les plus fortes, a des déficiences et des imperfections. Moïse, le patient, démontre l'impatience (Nombres 20.8-12). Elie, l'ardent, devient déprimé (1 Rois 19.4-8). Jean-Baptiste perd courage (Matthieu 11.2-6). Trophime devient malade (2 Timothée 4.20). Paul a une maladie des yeux (Galates 6.11). La Bible nous rappelle fidèlement les limitations, les perplexités, les afflictions et les chocs subis par des saints qui portent ce trésor. Bien d'autres sortes de fêlures et de défauts de ces vases de terre ne sont pas mentionnés. Mais ce qui importe est que nous reconnaissons que nos éléments humains essentiels demeurent avec la vie sainte. Le processus de maturité par l'Esprit nous rend capables de gagner un contrôle croissant sur seulement quelques-uns de ces imperfections — si non celle du corps, peut-être ces imperfections qui concerne l'intelligence et le tempérament.

Ainsi, dans les exemples donnés dans la section I.A. (Edouard, Jean, Charles et Richard, etc.), ils n'étaient pas nécessairement en contradiction avec leur profession de l'entière sanctification.

Toutefois, rappelons-nous toujours que « l'épreuve de notre foi est précieuse » et que nous pouvons même maintenant, avant de voir le Seigneur que nous aimons, nous réjouir « d'une joie ineffable et glorieuse » (1 Pierre 1.7-8).

C. Nous ne perdons pas notre humanité

1. Nous appartenons toujours à la race humaine, même quand nous sommes entièrement sanctifiés. Pour comprendre les limitations de l'expérience de la sainteté, lisez simplement le livre des Actes, afin de noter les problèmes des premiers chrétiens après le jour de la Pentecôte, jour où ils étaient entièrement sanctifiés. Les premiers chrétiens prièrent pour une

nouvelle assurance du Saint-Esprit quand ils avaient peur (Actes 4.29-31). Ananias et Saphira essayèrent décevoir les apôtres au sujet de la vente d'une propriété (5.1-6). Un groupe dans l'Église croyait qu'un autre groupe les négligeait et ils commençaient à murmurer (6.1-4). Le prédicateur Ananias avait peur de Saul parce qu'il avait entendu parler de la violence de ses persécutions (9.13). Paul et Barnabas eurent des débats avec des Juifs concernant ce qu'il fallait exiger des païens convertis (15.1-5). Paul et Barnabas eurent un vif argument au sujet de Marc au point de se séparer l'un de l'autre (Actes 15.36-40).

2. Quels sont les vases de terre qui contiennent ce trésor ?

(a) Certains chrétiens sont limités par des problèmes physiques. Cela n'est pas un problème de motif or d'intention, mais une limitation de la vase de terre.

(b) Notre attitude envers notre « vase » peut avoir de mauvais effets. Par exemple, une personne qui est courte de taille, peut parfois être agressif envers celles de plus grande taille ; ou quelqu'un qui sent un manque de sagesse, parfois il parle fortement et souvent afin de remplacer ses sentiments d'infériorité. Ces réponses ne sont pas nécessairement le résultat de petitesse d'esprit.

(c) Parfois le vase de terre porte des émotions qui ont été endommagées par des expériences dans la jeunesse.

(d) Notre vase a été conditionné par les circonstances de la famille et du foyer dans lequel nous avons été élevés. Par exemple, un garçon qui a été élevé dans une grande ville comme Paris peut être sauvé et entièrement sanctifié ; néanmoins, il n'aura pas les mêmes priorités et valeurs culturelles d'un garçon qui a été élevé dans une petite ferme à la campagne. C'est pourquoi les limitations du vase de terre rendent cette grande puissance de Dieu même plus merveilleuse dans sa grâce sanctifiante.

Un avertissement : Nous devons reconnaître les limitations et les imperfections de notre nature humaine, mais nous ne devons jamais faire de cela une excuse pour des actions ou des attitudes qui déplaisent à Christ ; car Dieu le Père et Dieu le Fils nous ont envoyé Dieu le Saint-Esprit afin de nous donner la victoire complète !

Questions à discuter

- *Quel est l'effet de l'entière sanctification sur notre caractère ? Sur notre nature humaine ?*

- *Comment Dieu peut-il employer nos faiblesses pour nous rendre plus forts ?*

Leçon 11

LA DISCIPLINE DANS LA VIE DE SAINTETÉ

PASSAGES BIBLIQUES SUR LA LEÇON

1 Corinthiens 9.24-27 ; Hébreux 12.1-11

PASSAGES SUPPLÉMENTAIRES

Psaume 131 ; Daniel 1.8 ; Marc 9.43-50 ; Luc 9.23-26 ; 2 Timothée 2.1-5 ; Hébreux 5.7-9

VERSET À RETENIR

« Nos pères nous châtiaient pour peu de jours, comme ils le trouvaient bon; mais Dieu nous châtie pour notre bien, afin que nous participions à sa sainteté » (Hébreux 12.10).

BUT DE LA LEÇON

Faire comprendre la valeur de la discipline divine et de la discipline de soi, et démontrer que le but de la discipline exigée par Dieu dans notre vie est de nous faire croître dans la sainteté.

INTRODUCTION

Le prix de ce qu'il y a de meilleur est toujours tout ce que l'on a. Il n'est pas vrai que les plus grandes bénédictions de Dieu ne coûtent rien. Nous sommes appelés à « acheter du vin et du lait, sans argent, sans rien payer » (Ésaïe 55.1). Il nous est conseillé « d'acheter de [Dieu] de l'or éprouvé par le feu » (Apocalypse 3.18). D'une façon ou d'une autre, on doit payer le prix : « les bonnes choses avant de les recevoir ; les mauvaises choses après les avoir reçues » (Savonarole).

La victoire dans la vie de sainteté ne fait pas exception. Le prix est payé par l'abnégation de soi, non pour sa valeur propre, mais pour gagner la victoire dans la lutte chrétienne — pour maintenir les principes saints dans un monde impie. Pour la victoire, la doctrine ne suffit pas, il faut aussi la discipline.

Cette étude traite de l'instruction et du programme de la discipline dans la vie de sainteté. N'ayons pas peur de ce qui nous est demandé. Nous devons tous avoir le courage de nous discipliner et d'être instruits par Dieu. La question fondamentale suggérée par cette étude est celle-ci : Quel prix suis-je préparé à payer pour avoir une vie victorieuse et gagner la récompense ?

Notre esquisse est la suivante :

I. La discipline et la vie de sainteté — 1 Corinthiens 9.24-27 ; Hébreux 12.1-11

II. La discipline et Dieu — Hébreux 12.6-11

III. La discipline de soi-même — Hébreux 12.1-5

I. LA DISCIPLINE ET LA VIE DE SAINTETÉ
1 Corinthiens 9.24-27 ; Hébreux 12.1-11

A. Le désir — 1 Corinthiens 9.24

Personne n'aime perdre ; nous désirons tous gagner la victoire. Ainsi, nous couronnons le gagnant, et posons des questions : « Quel effort a-t-il fait ? Quel était son programme d'entraînement ? Quel régime a-t-il suivi ? Était-il distrait par les spectateurs ? » Nous voulons tous gagner, mais nous ne voulons pas tous nous soumettre à l'entraînement. Nous cherchons un moyen plus facile.

Dans la course chrétienne tous peuvent gagner. Sous ce rapport la métaphore employée par Paul (1 Corinthiens 9.24) n'est pas tout à fait exacte. Dans les courses sportives ce n'est pas tout le monde qui peut remporter le prix. Parfois deux peuvent gagner également, mais c'est assez rare. Mais ici, dans la course la plus importante, tous ceux qui font l'effort peuvent gagner.

B. Les conditions requises — 1 Corinthiens 9.25

Pour la question de la discipline dans la vie de sainteté, ce passage parle de l'entraînement et de ce qui est exigé de ceux qui veulent vivre cette vie de sainteté. « Tout châtiment semble d'abord un sujet de tristesse, … mais il produit plus tard pour ceux qui ont été ainsi exercés un fruit paisible » (Hébreux 12.11).

Le titre de ce passage pourrait être « Le chrétien comme athlète spirituel. » Les métaphores sont celles des courses, des jeux sportifs. Nous pensons aux exigences du régime, de la discipline, de la résolution, de l'effort, de la direction. Toutefois, la sainteté chrétienne n'est pas un jeu. Mais si une pauvre couronne de feuilles flétrissantes signale le succès d'un événement sportif qui demande tant d'effort, combien plus d'effort devons-nous faire pour gagner une couronne incorruptible ?

C. L'entraînement — 1 Corinthiens 9.26-27

La vie indisciplinée ne vaut pas la peine d'être vécue. L'examen de conscience et l'honnêteté envers soi-même sont essentiels à la discipline. L'athlète qui se leurre, en supposant qu'il est plus rapide ou plus agile qu'il ne l'est, ne trompe personne, surtout pas ses adversaires.

Nous devons commencer et continuer notre entraînement avec honnêteté et appliquer les exigences et la discipline. Dans la vie de sainteté, il y a deux faits fondamentaux que nous ne devons pas négliger :

1. *La discipline est un processus basé sur un plan.* L'entière sanctification est un acte à un moment précis ; la discipline fait partie de la vie sainte elle-même. Nous devons nous discipliner (1 Corinthiens 9.27) et accepter la discipline de Dieu (Hébreux 12.5-7) dans la voie de sainteté, non pour y entrer. Bien des chrétiens ont été mal dirigés sur ce point. Le contrôle de soi-même est une partie de la discipline, mais non pas un substitut pour un cœur pur. Une habitude bien dirigée et contrôlée ne peut pas purifier le cœur. Ce n'est que Dieu qui peut faire cela.

2. *La discipline est une conséquence de la grâce et de la purification du cœur.* Ce n'est pas seulement la maîtrise de soi, c'est la vraie soumission à Dieu. Le châtiment peut être un des moyens employés par Dieu pour nous développer dans la vie spirituelle, mais le châtiment ne peut pas sanctifier le cœur. Il peut nous profiter beaucoup dans la vie de sainteté, mais il ne nous y fait pas arriver. Un des malentendus les plus persistants est celui d'attendre que la souffrance et la discipline nous rendent saints. Cependant, il est vrai que la souffrance sous le contrôle de Dieu peut nous faire progresser. La justice est un fruit de la discipline, et non sa racine ou sa cause (Hébreux 12.10-11).

De l'autre côté, nous pouvons dire que l'entière sanctification enlève du cœur toute résistance déraisonnable à la discipline de Dieu. L'expérience divine nous rend capables d'accepter la discipline et de l'imposer à nous-mêmes. Ce n'est que la sanctification qui nous purifie et nous aide à avoir le vrai motif pour poursuivre la sainteté chrétienne, c'est-à-dire le désir de nous « conduire et plaire à Dieu » (1 Thessaloniciens 4.1).

Questions à discuter

- *Expliquez ce que c'est la discipline de Dieu dans la vie sanctifiée.*
- *Qu'est-ce qu'est d'après vous la discipline de soi-même ?*

II. LA DISCIPLINE ET DIEU

Hébreux 12.6-11

A. Dieu ose nous discipliner — Hébreux 12.6

Ici nous avons des nouvelles pour notre encouragement. Si la discipline vient des mains de Dieu, elle est « pour notre bien » (Hébreux 12.10). Souvent nos parents humains nous ont donné la même explication pour la discipline, quand la vraie raison était la punition. Il n'en est pas de même avec notre Père céleste. Avec lui, c'est la discipline dans la sainteté pour nous faire croître dans la sainteté. Les mots discipline et disciple viennent d'un seul mot latin qui veut dire « instruire ». Notre Seigneur nous instruit, et nous apprenons. Il ne faut pas, donc, perdre courage quand il nous châtie, parce qu'en réalité c'est une indication que Dieu s'intéresse vraiment à quelles sortes de personnes nous sommes et quelles sortes de personnes nous devenons. Hébreux 12.7 nous encourage à accepter le châtiment avec la confiance d'un enfant.

Considérons maintenant quelques causes de la souffrance.

1. Elle n'est pas nécessairement causée par les péchés de celui qui souffre. Par exemple, rappelez-vous l'histoire de Job.

2. C'est une erreur de blâmer Dieu pour la souffrance. Tout le monde subit des souffrances, les justes et les injustes.

3. Parfois la souffrance est le résultat de nos erreurs ou d'un manque de jugement. Cela fait peut-être partie du « châtiment » selon Hébreux 12.5-11.

4. Nous souffrons parfois à cause des actions d'autres personnes. Dieu n'a pas promis de nous épargner de telles souffrances ici-bas. C'est une partie de la vie humaine.

5. Tout ce qui se passe dans nos vies est le résultat de multiples actions et événements dans le monde qui nous entoure. Mais nous pouvons, quand même, avoir l'assurance que rien ne peut nous atteindre sauf par la permission de Dieu, lui-même qui nous aime tellement.

B. Osons permettre à Dieu de nous discipliner — Hébreux 12.7

« Ne méprisez pas le châtiment du Seigneur » (Hébreux 12.5), et n'y résistez pas. Il ne faut pas s'enfuir devant la lutte contre le péché (voir Hébreux 12.4). Toutes les actions de Dieu envers nous sont des actions d'amour parfait.

Quelles sont des réactions à la souffrance ?

1. Quelques-uns ont de la rancune contre Dieu à cause de leurs souffrances.

2. D'autres les acceptent stoïquement, et poursuivent tristement leur chemin.

3. Le chrétien entièrement sanctifié utilise les souffrances pour s'aider à croître et mûrir, et devenir plus fort dans le Seigneur.

Cette dernière réaction change la souffrance en un instrument de bénédiction. « Ne méprise pas le châtiment du Seigneur, et ne perds pas courage lorsqu'il te reprend » (Hébreux 12.5).

Questions à discuter

- *Donnez des exemples des souffrances que les chrétiens peuvent subir.*

- *Pour chaque exemple donné, suggérez comment le vrai chrétien doit réagir. Quelle est sa source de résistance pour que l'expérience soit productive ?*

III. LA DISCIPLINE DE SOI-MÊME

Hébreux 12.1-5

A. Les règlements — Hébreux 12.1-3

Il faut d'abord remarquer que ce n'est que celui qui est vraiment sérieux, ou ardent, qui se rendra compte calmement des exigences de la discipline et les acceptera. L'apôtre Paul remarque :

> Tous les athlètes qui participent à une compétition sportive s'imposent toutes sortes d'abstinences. Ils disciplinent leur vie dans tous les domaines pour remporter la victoire et recevoir une couronne, qui pourtant sera bien vite fanée, alors que nous, nous aspirons à une couronne qui ne se flétrira jamais. C'est pourquoi, si je cours [dans la course chrétienne], ce n'est pas à l'aveuglette, mais sur le trajet prescrit, en gardant les yeux rivés au but. Si je m'exerce au pugilat, ce n'est pas pour donner des coups en l'air ; je ne me bats pas contre des fantômes. J'entraîne mon corps par l'endurcissement et la discipline afin de le

réduire à ma merci : je le maîtrise et le maintiens asservi. (1 Corinthiens 9.25-27, version *Parole vivante*).

Paul considère que la course et la lutte sont réelles. Nous devons courir de manière à remporter le prix (1 Corinthiens 9.24b). Les règlements pour une course victorieuse se trouvent en Hébreux 12.1-3.

B. Les témoins — Hébreux 12.1

L'idée d'un effort persistant, couronné d'une récompense, suggère les jeux sportifs publics : la bonne forme des athlètes, l'intensité de la lutte, le but, l'arbitre, les spectateurs. Ordinairement, on considère que la « grande nuée de témoins » (Hébreux 12.1) est comme les spectateurs à une course. Quelques-uns pensent que les fidèles glorifiés mentionnés en Hébreux chapitre onze sont aussi des témoins de la valeur de la discipline et de la persévérance. Ils ne sont pas seulement des spectateurs, mais aussi des témoins de la puissance de la foi qui persévère dans la discipline. Ils nous servent comme modèles et comme ceux qui nous encouragent.

C. Le Témoin fidèle — Hébreux 12.2

Le coureur ne fixe pas son regard sur les spectateurs, même quand ils l'encouragent. S'il regarde une personne, c'est son entraîneur. Nous, donc, devons fixer notre regard sur Jésus. Il est le témoin suprême de la valeur et de la puissance de la discipline et de la persévérance dans la course chrétienne — la voie de la sainteté. Il est le chef et le consommateur de notre foi.

D. Se dévêtir — Hébreux 12.1

1. **Les fardeaux.** Nous devons rejeter tout ce qui nous retient et « le péché qui nous enveloppe si facilement ». Pour bien courir, il faut courir légèrement et librement. Le coureur se dévêt des vêtements longs et flottants, ou de tout ce qui pourrait le retarder. Dans notre course chrétienne nous devons nous dévêtir de tout ce qui pourrait gêner ou empêcher notre progrès spirituel.

Ces « fardeaux » peuvent être des choses innocentes comme telles, mais qui nous entravent et nous retardent. Si nous aimons quelque chose à l'excès, il peut nous être un fardeau. Ou si nous donnons trop de temps à une activité, qui en elle-même n'est pas mauvaise, mais qui diminue notre ardeur pour Jésus, cela peut devenir un fardeau pour nous.

2. **Le péché.** Dans ce verset le mot « péché » est au singulier. Il ne s'agit peut-être pas d'un péché particulier qui nous tente souvent ; mais c'est le

principe global du péché qui nous enlise, qui veut nous « envelopper si facilement ». Il s'agit de toute notre condition humaine coupable, de notre corruption originelle.

De l'autre côté, il se peut que l'on parle ici des péchés particuliers qui nous font souvent tomber. Qu'importe ! Le péché est le péché, qu'il soit grand ou petit, qu'il soit un acte particulier ou le principe du péché qui demeure en nous. Nous devons nous en débarrasser. Si nous voulons gagner dans la course contre le péché, nous devons nous dévêtir de tout ce qui nous empêche d'avancer.

E. La persévérance — Hébreux 12.3-4

« La course n'est point aux agiles ni la guerre aux vaillants » (Ecclésiaste 9.11). Ceux qui gagnent sont les vrais, les fidèles, les persévérants. La joie est « réservée » pour nous aussi (Hébreux 12.2). Comme Moïse (Hébreux 11.25-26), nous devons avoir « les yeux fixés sur la rémunération ».

La vie disciplinée vaut la peine maintenant ; et puisque cela est le cas, elle possède une double récompense — dans cette vie nous gagnons la couronne de la sainteté, et devant nous est la promesse de la joie inestimable de Jésus.

Notre victoire spirituelle, donc, est plus qu'un régime, ou la discipline, ou la détermination. Elle dépend surtout d'une grâce intérieure, le fruit de la présence continuelle du Saint-Esprit.

Questions à discuter

- *Interprétez d'une façon pratique les métaphores que l'apôtre Paul emploie en 1 Corinthiens 9.26-27.*

- *Quels sont quelques « fardeaux » dont nous devons nous en débarrasser ?*

Leçon 12

L'INTENDANCE DANS LA VIE DE SAINTETÉ

PASSAGES BIBLIQUES SUR LA LEÇON

Malachie 3.8-12 ; Romains 12.3-8 ; 1 Pierre 4.7-11

PASSAGES SUPPLÉMENTAIRES

Genèse 39.1-6 ; Matthieu 25.14-30 ; 1 Corinthiens 4.1-4 ; 1 Pierre 3.15-16

VERSET À RETENIR

« Comme de bons dispensateurs des diverses grâces de Dieu, que chacun de vous mette au service des autres le don qu'il a reçu » (1 Pierre 4.10).

BUT DE LA LEÇON

Faire comprendre que toute la vie est un dépôt sacré, et apprendre comment être des intendants fidèles des dons spirituels et matériels qui viennent de Dieu.

INTRODUCTION

Tout le peuple de Dieu a besoin de réfléchir sérieusement sur la question de l'intendance. L'intendance ne concerne pas seulement la question de l'argent, mais de toute la vie et de tous les dons que Dieu nous a donnés. Un intendant est une personne qui a la surveillance directe des possessions qu'une autre personne lui confie et peut, à n'importe quel moment, lui demander un compte rendu de son intendance. Nous sommes des intendants, et c'est à Dieu que nous rendrons compte.

Nous avons besoin d'étudier à nouveau la vraie source et le vrai possesseur de toutes choses. Nous devons comprendre, non seulement, la question de la dîme, mais celle de l'esprit et des principes de l'intendance totale et sa relation à la vie de la sainteté. Nous espérons que cette étude nous provoquera aux bonnes œuvres.

Les aspects de l'intendance sont considérés selon l'esquisse suivante :

I. L'intendance chrétienne — Romains 12.3-8

II. L'intendance du temps— 1 Pierre 4.7-11

III. L'intendance de l'argent — Malachie 3.8-12

IV. L'intendance et la seconde venue de Christ— 1 Pierre 4.7-11

I. L'INTENDANCE CHRÉTIENNE

Romains 12.3-8

A. L'intendance et la sainteté

La vie sainte doit influer toutes nos actions. Après la considération des raisons pour l'entière sanctification, de sa nature, et de sa possibilité, le point final est qu'elle doit faire une différence vitale dans notre vie personnelle. La sainteté ne doit pas être seulement acceptée intellectuellement et exprimée verbalement ; elle doit être aussi démontrée. La croyance doit devenir la conduite et le credo doit devenir les actions.

La vraie sainteté change les motifs de nos actions. L'entière sanctification lance le chrétien dans le domaine de la responsabilité de l'expérience de la Pentecôte. La doctrine et l'expérience de la sanctification impliquent l'intendance de toute la vie. Loin d'être le possesseur de ce que je suis et de ce que j'ai, je ne le tiens et ne l'emploie qu'en tant qu'intendant.

Nous sommes les bénéficiaires des dons gratuits de Dieu. Et, d'après l'apôtre Paul, les bénéficiaires sont des débiteurs.

Ce passage en Romains doit rester lié à ce qui le précède. Les onze chapitres précédents du livre parlent des fleuves de la grâce qui coulent vers et dans l'âme sauvée ; mais à partir de ce chapitre, les eaux coulent dans l'autre direction. Jusqu'ici, il s'agissait de la grâce ; mais maintenant, il s'agit de la gratitude. Avant, c'était la doctrine ; maintenant, c'est le devoir. Tout a été reçu gratuitement, maintenant c'est donné gratuitement. La vie de sainteté devient très pratique. Toute la vie est remplie de l'Esprit, et l'intendance de tout devient le principe du cœur saint.

Comme intendants de Dieu nous sommes responsables pour l'intendance de toutes ses affaires dans leurs relations à notre vie en Christ. Payer la dîme ne renferme pas toute la vie. Il y a ceux qui pensent que quand ils ont payé la dîme, ils se sont acquittés de toutes leurs responsabilités. Quelqu'un a remarqué que payer la dîme n'est qu'un dixième de la vérité. Notre intendance renferme toute la vie.

B. L'intendance et les dons spirituels

Ici, l'apôtre Paul parle de l'Église comme un corps dont nous sommes les membres. Il présente trois sortes de dons différents qui forment les éléments de ce corps. Nous pouvons les trouver en Romains 12.4-5.

1. Premièrement, il y a des dons en ce qui concerne la Parole de Dieu et son emploi dans le Corps de Christ : la prophétie, l'enseignement, et l'exhortation (12.6-8).

* *La prophétie* annonce la Parole de Dieu.

* *L'enseignement* explique la Parole de Dieu.

* *L'exhortation* applique la Parole de Dieu pour l'encouragement de l'Église. Ainsi, par ces dons, le Seigneur crée, dirige et renforce la vie de son corps.

2. Il y a des dons ayant un rapport très pratique avec les besoins du Corps. Ce sont le ministère, donner, et pratiquer la miséricorde (12.7-8).

* *Le ministère* veut dire des services rendus au Corps dans l'amour.

* *Donner* met l'accent sur un don ordinaire. Nous tous avons le privilège et le devoir de donner ; mais le Seigneur confie à quelques-uns des richesses et de l'abondance avec lesquelles ils peuvent servir le Corps de Christ.

* *Pratiquer la miséricorde* doit certainement se référer à l'amour actif du Corps, démontré par ses membres. C'est « l'attribut de Dieu lui-même et elle (la miséricorde) circule à travers le Corps et à partir du Corps ».

3. Il y a des dons qui appartient aux conducteurs — « ceux qui président » (Romains 12.8). Certains membres du Corps ont les dons de présider, tels que les évêques, les pasteurs, les surintendants et d'autres officiers de l'Église.

Nous avons une tendance à considérer que tous ces dons ne sont que pour les administrateurs de l'Église. Mais Paul démontre qu'ils sont pour tous les membres du Corps. Tous les dons doivent être exercés pour le bien du Corps entier, dans le pouvoir de la foi (Romains 12.3b) et dans l'esprit de l'amour parfait (12.9-10).

Questions à discuter

- *Est-ce que l'intendance et la sainteté sont à peu près la même chose ? Pourquoi ?*
- *Pourquoi les chrétiens sont-ils des intendants ?*
- *Comment pouvons-nous accomplir cette responsabilité ?*

II. L'INTENDANCE DU TEMPS

1 Pierre 4.7-11

Puisque nous sommes des « sacrifices vivants » (Romains 12.1), tout notre temps appartient au Seigneur. Il n'y a peut-être aucune partie de la vie sainte qui soit aussi difficile à gérer que notre temps, et le temps c'est la vie. Nous sommes dans le domaine du temps, même quand nous sommes habités par l'Esprit Éternel. « La fin de toutes choses est proche. Soyez donc sages et sobres, pour vaquer à la prière » (1 Pierre 4.7). Puisque nous avons si peu de temps et tant de choses à faire, nous devons accorder-une attention particulière à notre gestion du temps.

En observant quelques principes très simples, nous serons étonnés de voir combien de temps nous avons à notre disposition.

A. Apprenez à bien choisir

Cela est un règle à appliquer non seulement à l'emploi du temps, mais aussi à nos dons et à d'autres activités. Puisque je ne peux pas tout faire, je suis forcé de faire des choix, et de prier Dieu de me guider à reconnaître les choses les plus importantes dans une vie qui lui est consacrée.

B. Apprenez à négliger certaines activités

Un pasteur qui veut donner la priorité à la prière et au ministère de la Parole de Dieu, doit se passer de certaines occasions sociales ou d'autres activités. Le but doit être d'accomplir la volonté de Dieu et non de se faire populaire.

C. Reconnaissez les priorités

Les priorités doivent passer en premier, même avant d'autres choses qui semblent demander notre temps. Voici quelques choses que nous pouvons considérer comme des priorités.

1. Le temps d'attendre devant Dieu

2. Le temps pour une bonne vie familiale chrétienne

3. Le temps pour certaines activités de l'Église.

4. Le temps pour la récréation et la détente

5. Le temps pour socialiser

D. Évitez des activités non nécessaires

Nous devons examiner avec Dieu notre liste des activités proposées pour chaque jour.

E. Pratiquez la ponctualité

Soyez à l'heure pour chaque rendez-vous. Notez bien cela en ce qui concerne le culte d'adoration. Calculez le temps perdu quand vous êtes en retard : multipliez le nombre de minutes de retard par le nombre de personnes qui vous attendent. Il n'est pas chrétien de faire perdre du temps aux autres.

F. Soyez préparé

Presque tous les jours, chacun de nous trouve des moments libres inattendus. C'est donc un cadeau du temps que nous pouvons utiliser pour lire ou prier ou méditer ou témoigner. Apportez toujours avec vous votre Nouveau Testament ou autre chose à lire.

G. Accordez une attention particulière à votre emploi du temps libre

Cela est un aspect très important de la vie de sainteté. Combien de temps nous gaspillons dans les choses inutiles ! La sanctification de notre temps libre est essentielle. Il faut absolument l'employer d'une façon productive.

Question à discuter

- *Comment pouvons-nous améliorer notre intendance du temps ? de la santé ? de la famille ? de notre travail ?*

III. L'INTENDANCE ET L'ARGENT

Malachie 3.8-12

A. L'appel de Malachie

Ce passage en Malachie semble être très différent de celui de 1 Pierre 4.7-11. Malachie présente l'intendance à son niveau minimum, tandis que Pierre démontre l'esprit de la grâce du Nouveau Testament. Mais il est utile de juxtaposer ces deux passages. Dieu avait plusieurs raisons pour se plaindre contre Israël. Cela était causé par leur manque de gratitude et d'amour. Par leur égoïsme, ils offraient à Dieu des offrandes et des dîmes qui était loin d'être parfait, et mêmes des choses qu'ils avait dérobées aux autres (voir Malachie 1.13-14).

Les sacrificateurs ns jugeaient pas ces pratiques (2.1-9). Ils tordaient les commandements de Dieu et niaient sa justice (2.10-17). C'était leur habitude d'offrir à Dieu les pires animaux de leurs troupeaux, ceux qui étaient sans valeur pour eux. Ils étaient si négligents à payer la dîme que le prophète les accusait de tromper Dieu (3.8-9). Puis le prophète leur lance l'appel urgent de Dieu d'obéir à la volonté de Dieu et de recevoir sa promesse glorieuse (3.10).

Ce passage a de l'importance pour nous en ce qui concerne notre dîme, mais c'est moins que l'idéal pour la vie de sainteté chrétienne. Sans doute il y a bien des chrétiens qui offrent à Dieu beaucoup moins que ce qu'ils ont de meilleur. Ils ne donnent qu'une partie de leur dîme, et croient que c'est leur droit d'employer tout le reste comme ils veulent, ce qui est faux, car la dîme appartient à Dieu, et toute le reste doit être sous son contrôle. Mais même cela est moins que ce que Dieu attend comme l'intendance de ceux qui sont sanctifiés.

B. Deux questions importantes

1. Que devrions-nous faire au sujet de la dîme ?

(a) Acceptez qu'il y a peu de remarques dans le Nouveau Testament concernant ce sujet.

(b) Qu'elle était peu accentuée par l'Église primitive.

(c) Que, même à son mieux, elle n'atteint pas la bonne intendance « des diverses grâces de Dieu » (1 Pierre 4.10).

(d) Qu'elle peut être acceptée comme une mesure du minimum que le chrétien doit donner.

(e) Que l'on ne doit pas considérer que si on paie la dîme, on est libre d'employer tout le reste comme on veut. Il serait aussi raisonnable que de dire : « Je donne à Dieu mes dimanches ; donc de lundi à samedi, je peux faire tout ce que je veux. »

2. Quels principes devrions-nous suivre dans nos offrandes chrétiennes ?

Dans les Saintes Écritures, il y a peu de direction pour les offrandes dans la vie de sainteté, mais elles nous donnent des principes spirituels qui les inspirent.

(a) Le motif pour l'intendance dans la vie de sainteté sera celui de gratitude et d'amour (Romains 12.1 ; 1 Pierre 4.10). Un très bon modèle serait la femme en Marc 14.3-9.

(b) L'exemple de l'intendance vient du Nouveau Testament. Nos offrandes seront personnelles (1 Corinthiens 16.2 ; Actes 11.29 ; Matthieu 25.19). Nous n'offrirons pas au Seigneur ce qui ne nous coûte rien (voir 2 Samuel 24.24).

1. *Elles seront régulières.* Peut-être que nous ne pourrons pas suivre exactement le conseil de Paul (1 Corinthiens 16.2), mais la régularité de nos dons sera une partie de notre culte.

2. *Elles seront libérales* (Romains 12.8). La grâce qui purifie le cœur l'élargit aussi.

3. *Elles seront intentionnelles.* Comme au temps de Malachie, ceux qui révéraient Dieu protégeaient fidèlement la dîme, ainsi les dons des saints, selon le Nouveau Testament, seront décidés dans la prière et protégés soigneusement.

4. *Elles seront données avec joie* (2 Corinthiens 9.7). Quelle bénédiction le donateur reçoit quand il offre avec joie ! Dieu aime cela — la sainteté et la joie au moment des offrandes !

5. *Elles seront données fidèlement* (Luc 12.42 ; Matthieu 25.21 ; 1 Corinthiens 4.2). Paul dit ici que nous faisons des efforts continuels à être fidèles dans notre intendance.

Questions à discuter

* *Suggérez plusieurs motifs pour les offrandes.*

* *Quel est le principe à suivre dans ce que nous donnons, selon le Nouveau Testament ?*

IV. L'INTENDANCE ET LA SECONDE VENUE DE CHRIST

1 Pierre 4.7-11

Les dons de la grâce, quoi qu'ils soient dans une vie remplie de l'Esprit, sont décrits dans ce passage comme étant employés dans un esprit d'amour, n'oubliant pas « la fin de toutes choses » (1 Pierre 4.7).

Chacun a un don ou des dons. Être vraiment et toujours prêt pour « la fin de toutes choses » veut dire être toujours en train d'employer ces dons humblement et avec persistance, dans un esprit d'amour, en attendant cette fin. Dieu ne veut pas que nous soyons oisifs, rêvant des couronnes et des cantiques. Jésus dit au sujet des talents d'or : « Faites-les valoir jusqu'à ce que je revienne » (Luc 19.13). On parle de tous ces « dons de grâce » comme étant utilisés d'une manière et d'un esprit qui reflète l'amour parfait comme il est décrit en 1 Corinthiens 13.

La qualité de l'amour démontré dans l'exercice des dons spirituels est, d'après Pierre et Paul, « une ardente charité [amour] », un amour faisant de grands efforts d'inclure et toucher un nombre de plus en plus grand de gens, et d'effacer toutes les fautes et imperfections qui empêchent ou détruisent la communion fraternelle. L'amour est un abri, une couverture ; et l'amour est « hôte le plus gentil dans le monde entier » (1 Pierre 4.9-10).

Quand le chrétien saisit que « les diverses grâces de Dieu » sont sa possession la plus chère, il n'est plus nécessaire de lui expliquer ce que c'est que l'intendance.

Celui qui comprend qu'il est intendant de la grâce de Dieu n'a pas besoin d'être persuadé à payer la dîme. Il n'est pas nécessaire de l'amadouer pour qu'il donne de son temps pour les œuvres de l'Église. Il désire ardemment rendre un service chrétien au-delà de ce qui lui reste après la dîme. Il est magnanime et gracieux envers les imperfections de ces frères. Il connaît bien que toutes les bénédictions qu'il reçoit viennent de Dieu et non de lui-même.

Question à discuter

- *Si vous savez certainement que Jésus reviendrait le 31 décembre de cette année-ci, comment utiliseriez-vous les jours avant cette date ?*

Leçon 13

SOYEZ SAINTS

PASSAGES BIBLIQUES SUR LA LEÇON

Jean 17.17 ; 1 Thessaloniciens 5.16-24 ; Hébreux 12.14-17 ; 1 Pierre 1.14-16

PASSAGES SUPPLÉMENTAIRES

Éphésiens 4.22-24 ; Colossiens 3.8-17 ; Tite 2.11-14

VERSET À RETENIR

« Que le Dieu de paix vous sanctifie lui-même tout entiers, et que tout votre être, l'esprit, l'âme et le corps, soit conservé irrépréhensible, lors de l'avènement de notre Seigneur Jésus Christ! Celui qui vous a appelés est fidèle, et c'est lui qui le fera » (1 Thessaloniciens 5.23-24).

BUT DE LA LEÇON

D'aider chaque étudiant à voir la possibilité et l'importance de l'expérience de l'entière sanctification, et de souligner que l'appel impératif de Dieu à la sainteté est accompagné de sa promesse de pouvoir l'obéir.

INTRODUCTION

Voilà le point capital ou le but de toutes ces leçons. La sainteté du cœur et de la vie comme une expérience actuelle, possible et désirable de la vie chrétienne est à la fois un ordre et une promesse. C'est l'intention claire et simple de cette leçon d'inviter et de presser le peuple de Dieu de rechercher cette expérience précise de la sainteté comme une deuxième œuvre de Dieu dans le cœur. Cette bénédiction pour nous est le désir de notre Seigneur Jésus-Christ, le fruit de son Expiation, l'acte du Dieu tout-puissant. Nous allons essayer à démontrer que ce n'est que la sainteté dans tout aspect de la vie qui plaît à Dieu. Nous devons lui obéir par l'acceptation de sa parole en promesse et en ordre.

C'est notre prière ardente que chaque enseignant et chaque étudiant de ces leçons se soumette à l'appel de Dieu à la sainteté, le reçoive et lui obéisse. Il nous faut prendre le temps pour vivre la vie sainte.

Voici les deux parties de cette leçon :

I. La doctrine centrale — Jean 17.17 ; 1 Pierre 1.14-15

II. La deuxième œuvre de Dieu dans l'âme — 1 Thessaloniciens 5.16-24 ; Hébreux 12.14-17

I. LA DOCTRINE CENTRALE

Jean 17.17 ; 1 Pierre 1.14-16

En essayant de donner une définition de la vie de sainteté chrétienne, nous devons nous rendre compte que c'est l'idéal le plus haut offert par la grâce.

Quel est le sens du mot sanctification ? Rappelons-nous la définition donnée à la fin de la leçon trois : « rendre saint, rendre libre du péché, purifier de toute corruption morale ». Cette définition est écrite dans un dictionnaire séculier et non dans un traité de théologie.

En d'autres mots, si nous devons obéir à l'ordre de Dieu à être saint comme il est saint, comme cela est écrit en Lévitique 11.44 et répété plusieurs fois jusqu'en 1 Pierre 1.15-16, nous ne pouvons pas éviter de reconnaître qu'il s'agit de la perfection.

La sainteté est une ressemblance avec le caractère moral de Dieu. Et c'est ce que notre Seigneur Jésus a sollicité dans ses prières pour ses disciples. D'ailleurs, il est mort pour leur sanctification. « C'est pour cela que Jésus aussi, afin de sanctifier le peuple par son propre sang, a souffert hors de la porte » (Hébreux 13.12), Dans sa dernière prière avec ses disciples, Jésus a prié son Père : « Je ne te prie pas de les ôter du monde, mais de les préserver du mal. … Sanctifie-les par ta vérité » (Jean 17.15, 17). Le but ultime de la mort de Christ était que ses enfants soient sanctifiés.

A. L'appel à la sainteté — 1 Pierre 1.14-16

L'appel à la sainteté est l'idée centrale de l'Ancien et du Nouveau Testament. Le centre de la cible du but divin pour l'humanité se trouve dans le passage 1 Pierre 1.14-16. Ayant vu au verset 13, le lien entre l'espérance et l'apparence de Jésus, nous nous trouvons en face des impératifs moraux de la vie chrétienne (versets 14-15). Il y en a trois :

1. L'appel à la sainteté basé sur la sainteté du Père ;
2. L'appel à la crainte [respect] basé sur la sainte justice du Père ;
3. L'appel à se souvenir de la relation de notre rédemption au Père « comme enfants obéissants » (1.14).

Pierre parle des enfants qui portent la ressemblance familiale. Ce verset implique que l'obéissance est leur habitude de vie, étant membres de la famille intime de Dieu. L'obéissance est la première condition pour une vie sainte. La désobéissance, l'enfant aîné de l'orgueil, est le péché originel (Romains 5.19). L'obéissance est le poinçon delà sainteté, et pour Pierre c'est un mot important (voir 1 Pierre 1.2, 22). La sainteté ne consiste pas à agir parfaitement en toute occasion tout le temps ; ce n'est pas seulement se conformer à une liste de règlements, mais l'obéissance est le principe vital de la sainteté.

B. La forme de la sainteté — 1 Pierre 1.14b

Être saint c'est suivre la « mode » de Dieu. Comme Paul dit en Romains 12.2 : « Ne vous conformez pas au siècle présent, mais soyez transformés» ; et en Éphésiens 5.1 : « Devenez donc des imitateurs de Dieu.»

Nous ne devons jamais séparer la doctrine de la sainteté de la vie de l'obéissance. Les chrétiens sanctifiés sont spécialement tentés de se conformer au siècle présent, et c'est à cause de cela qu'ils sont ardemment appelés à maintenir une sainteté intérieure et extérieure (1 Pierre 1.15).

C. C'est une sainteté parfaite — 1 Pierre 1.15

L'appel de Dieu est à une sainteté totale du cœur et de la conduite. Cela veut dire une délivrance complète de tout péché, et une dévotion complète à Dieu. Il n'existe point une sainteté partielle, ni des degrés de pureté. Nous sommes purs ou non purs, saints ou non saints. Même pour Dieu, la sainteté n'est pas un attribut, mais c'est la totalité de son être. La ressemblance morale avec Dieu qui était perdue dans la chute, par la désobéissance, peut être restaurée dans la grâce, par l'obéissance. Dieu ne partage sa sainteté qu'avec ses enfants obéissants.

D. C'est une sainteté personnelle — 1 Pierre 1.16

Ici, Pierre prend l'ordre légal et, en vertu de la puissance du sang précieux de l'Agneau de Dieu sans défaut et sans tache, le transforme en promesse évangélique à ceux dont « la foi et l'espérance reposent sur Dieu » (1.20-23).

Il y a des personnes qui enseignent une doctrine erronée, disant que nous pouvons être considérés saints « dans notre position devant Dieu, quand nous ne le sommes pas dans notre condition ». Mais dans ce passage, il est clair que nous ne pouvons pas divorcer la sanctification en position d'une vie sainte. « Soyez saints dans toute votre conduite » (1 Pierre 1.15).

E. C'est une sainteté possible — 1 Pierre 1.16

Cet appel gracieux comprend une offre également gracieuse. Il indique clairement que Dieu veut que son peuple soit saint comme il l'est. Cela n'est pas au-delà de notre possibilité. C'est l'idéal le plus haut, mais il est offert dans la grâce de notre Seigneur Jésus-Christ.

Nous ne pouvons être tout-puissant comme lui, ni omniscient comme lui, ni partout présent comme lui ; mais la sainteté est la grande possibilité pour notre vie. Dieu lui-même l'a rendue possible.

Quand Dieu nous appelle à la sainteté, se moque-t-il de nous ? Un Dieu saint ne pourrait point agir ainsi. Charles Wesley a écrit dans un cantique que nous ne sommes pas « moqués par un appel inefficace ni par une grâce insuffisante ».

F. C'est une sainteté promise — 1 Pierre 1.15-16

Soulignons à nouveau : La sainteté est plus qu'un impératif, c'est un évangile. La sainteté actuelle ne peut pas exister en dehors d'une grâce abondante et une discipline morale des pensées et des actions et de la raison. Toutefois, cette promesse de la sainteté n'est que pour ceux qui sont déjà ses enfants. Tout ce passage démontre que cette expérience est une deuxième œuvre définie de la grâce.

G. C'est une sainteté pourvue — 1 Pierre 1.18-22

L'encouragement suprême à la sainteté se trouve au-delà des passages de cette leçon. L'expiation parfaite par l'Agneau parfait rend possible et disponible la pureté parfaite au cœur obéissant (verset 22). Une femme poète a écrit que « la sainteté vient par la foi en Jésus, et non par aucun de mes propres efforts. »

La foi et l'obéissance : voilà les clés de la vie sainte.

Questions à discuter

* *Expliquez pourquoi la sanctification est une question de notre condition, et non de notre « position » devant Dieu.*

* *Quels sont les avantages d'une vie sainte quotidienne ?*

* *Est-il possible de vivre une vie vraiment sainte ? Si oui, comment ? Si non, pourquoi pas ?*

II. LA DEUXIEME OEUVRE DE DIEU DANS L'ÂME

1 Thessaloniciens 5.16-24 ; Hébreux 12.14-17

Il y a ceux qui enseignent qu'il existe une certaine sainteté qui n'appartient pas à l'expérience. Elle est connue seulement dans les conseils secrets de la Trinité. Ils déclarent que chaque croyant est un saint aux yeux de Dieu, malgré sa conduite devant les hommes.

Nous ne pouvons pas croire que cela est en accord avec la Bible. Toutefois, nous sommes d'accord qu'il y a une sanctification qui commence au moment où nous sommes sauvés — la sanctification initiale. John Wesley écrit : « A partir de sa conversion, le croyant meurt graduellement au péché et croît dans la grâce. Pourtant, le péché demeure en lui, oui la semence de tout péché, jusqu'à ce qu'il soit entièrement sanctifié en esprit et en corps ».

A. Une deuxième bénédiction de la grâce — 1 Thessaloniciens 5.23

Aux gens vraiment convertis, ardemment sincères, vigoureusement évangéliques et bien connus pour leur honnêteté dans leur profession chrétienne (1 Thessaloniciens 1.2-10 ; 2.6-9), Paul lance son appel à l'entière sanctification (1 Thessaloniciens 4.1-8). Il insiste que c'est la deuxième œuvre de Dieu dans l'âme.

Comme le salut a deux parties, il en est de même avec le péché. Il y a des actes visibles : le mensonge, le vol, le blasphème, etc. Ces péchés sont pardonnés quand on est sauvé ; mais il reste dans le cœur du croyant une condition qui est inclinée encore vers le péché. Cela est enlevé au moment de l'entière sanctification.

L'entière sanctification est l'achèvement de l'œuvre commencée dans la conversion. Celui qui est sauvé trouve que la suite la plus naturelle est de « marcher dans la lumière comme Christ est dans la lumière ». Alors, certainement le sang de Jésus-Christ [le] purifie de tout péché ». Dans le cœur de chaque croyant sincère, il vient un temps où il sent son besoin d'une œuvre de Dieu plus profonde dans sa vie que celle qu'il a actuellement. On peut l'appeler *l'amour parfait, le baptême du Saint-Esprit,* etc. Le terme le plus souvent employé dans la Bible est *la sanctification.*

B. Une œuvre divine — 1 Thessaloniciens 5.23a

Dans le Nouveau Testament, la paix ne signifie pas se retirer de la vie, une solitude calme et sereine ; elle est une action efficace. Le Dieu qui a le pouvoir de ressusciter de la mort, Celui qui écrase la tête de Satan (voir 1 Pierre 1.3 ; Romains 16.20), est bien capable de sanctifier entièrement tout cœur croyant. Et ce qu'il fait, il le fait complètement.

C. Une œuvre complète — 1 Thessaloniciens 5.23

Celui qui nous a sauvés de la culpabilité du péché et nous a restaurés à sa faveur et dans sa famille, par la même parole de pouvoir avec laquelle il nous a ressuscités de la mort du péché, peut extirper le péché qui demeure en nous. Il le fera parfaitement et complètement.

Richard Watson a écrit :

> Le verset 23 est une prière pour l'entière sanctification de l'âme et l'esprit aussi bien que de la chair ou du corps de tout péché. Cela ne peut que signifier que nous sommes délivrés entièrement de toute pollution spirituelle, toute dépravation intérieure du cœur, aussi bien que de ce qui s'exprime extérieurement comme des indulgences sensuelles, connues comme la souillure de la chair. (voir 2 Corinthiens 7.1).

D. Une garantie de la sécurité —1 Thessaloniciens 5.24

Il y a beaucoup de désaccords au sujet de la sécurité chrétienne ; mais, en fin de compte, la vraie sécurité n'appartient qu'à ceux qui ont le cœur pur.

Le mot « conservé » que Paul emploie en 5.23, lie la vie sanctifiée au pouvoir formidable de Dieu, qui, si nous nous fions à lui et lui obéissons, nous nous préservera purs et irrépréhensibles jusqu'à ce que Jésus revienne. Cela est le but de nos espoirs, puisque c'est l'intention du cœur de Dieu.

E. La vie possible —1 Thessaloniciens 5.16-18

Ces versets suggèrent ce que d'autres passages affirment : que la vie sanctifiée est la vie la plus abondante possible pour nous. C'est la vie chrétienne pleine et intégrale. Les possibilités de la grâce sont énormes pour les sanctifiés. C'est notre joie de pouvoir sacrifier notre soi à Jésus-Christ tous les jours de notre vie ! Oswald Chambers a dit :

L'entière sanctification n'a rien à faire avec la mort du « moi ». Au contraire, c'est que j'ai un « moi » que je peux sacrifier, avec un joyeux enthousiasme, à Christ chaque jour que je vis !

C'est ce que Jésus appelle « la vie en abondance » (Jean 10.10), et l'apôtre Paul être « toujours joyeux » (1 Thessaloniciens 5.16) et une vie qui rend toujours « grâces en toutes choses » (1 Thessaloniciens 5.18).

La sainteté est la bonne santé de la personnalité, la rédemption totale de la personne entière, tout son être, esprit, âme et corps conservés jusqu'à ce que Jésus revienne (1 Thessaloniciens 5.23). Quelle belle certitude !

Dieu le fera pour nous, si nous écoutons et répondons à son appel. « Celui qui vous a appelé est fidèle, et c'est lui qui le fera » (1 Thessaloniciens 5.24).

Questions à discuter

- *Donnez plusieurs faits principaux concernant la sanctification que vous trouvez en 1 Thessaloniciens 5.16-24.*

- *Avez-vous reçu cette expérience de la sanctification ? Si non, la désirez-vous ?*

SOMMAIRE

LA VIE ET LA DOCTRINE DE LA SAINTETE SCRIPTURAIRE

www.ingramcontent.com/pod-product-compliance
Lightning Source LLC
Chambersburg PA
CBHW021135020426
42331CB00005B/787